シルエットが生まれ変わる！

寝トレ1分ダイエット

Get your slim silhouette back!

Tomoko Yamamoto
山本知子

青春出版社

カンタンに
やせる方法
ないかなぁ…

大好きなものは美味しく食べて、
きつい運動はせずに、
スッキリきれいなスタイルになりたい！

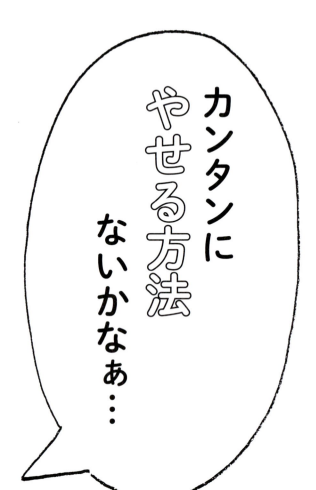

なぁんて、
うまい話があるわけないよなぁ
と思っているあなた！

その願い
叶えましょう！

毎日のトレーニング、運動も始めたいけど
なかなか勇気が出ない。

ダイエットしたいけど、情報があり過ぎて
何を取り入れたらいいのかわからない。

家事に育児に仕事に忙しいし、
どんどんと先延ばしになって、
体重が増え、お尻にお肉がついてきた。

このままではダメだ……どうしよう……。

もしも、**簡単できて、**
しかも**普段の生活をするだけで、どんどんきれいになる。**
そんな方法があったら……試してみたくありませんか？

はじめまして。美骨《びこつ》改革家の山本知子です。
私は、**3か月でマイナス15キロのダイエットに成功しました！**
これは実体験をくりかえし、2万人以上の施術経験から生みだした方法です。

人間本来の骨格の動き、体の動きを最大限に活かして、
ご自身で元の〝喜ぶ体〟に戻していくだけ、なんです。
「え？　たったこれだけ！」というくらい簡単な動きで、
驚きの変化が表れます。
ダイエットのために時間を費やしたり、苦しい思いをするのではなく、
やせた先にある夢を実現させ、充実した日々を過ごすことを目標に
〝寝トレ〟を始めてみませんか？

実践した方々の声 1

M.Mさん（50代、会社員）

1週間で -2.5kg

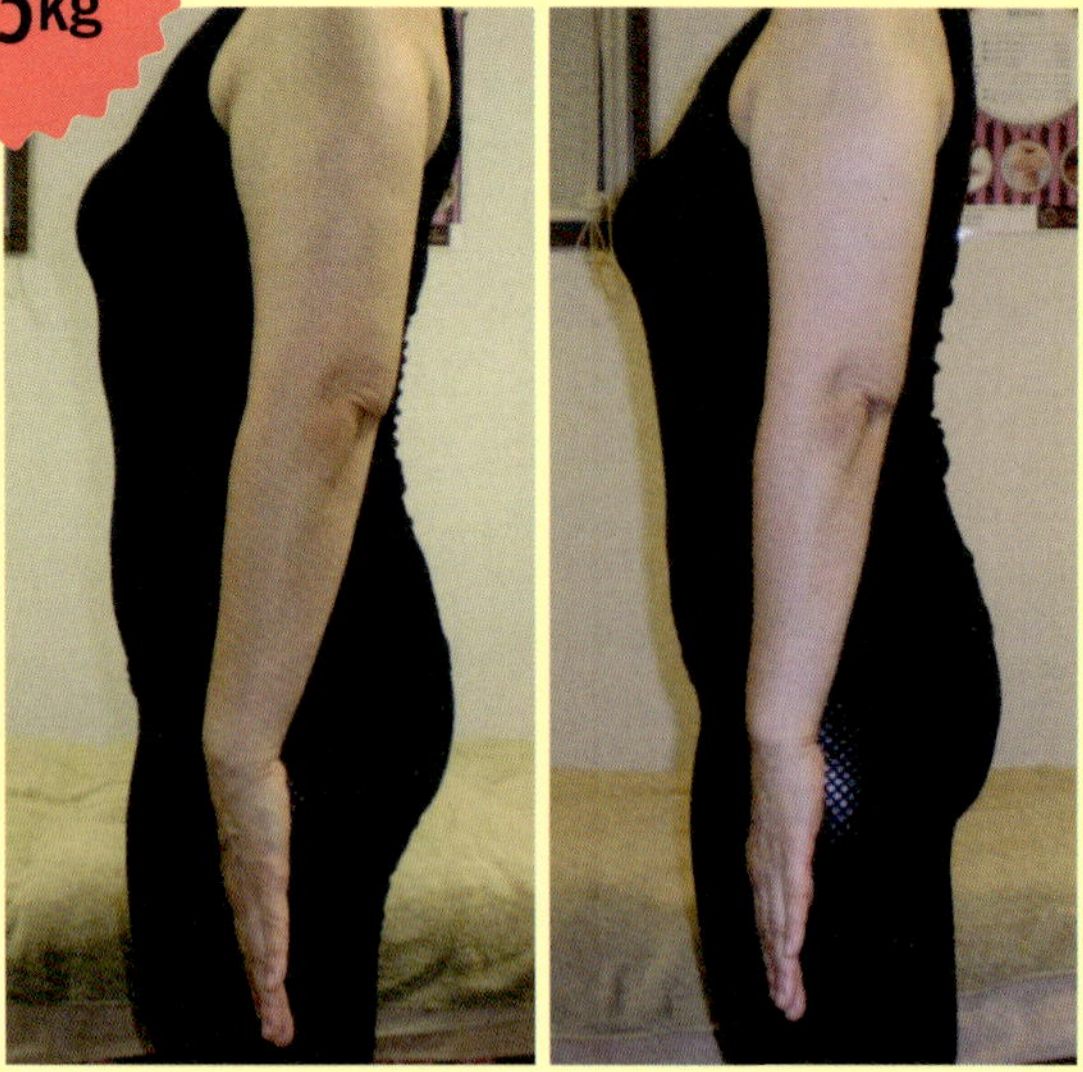

どの動きも簡単で、いつでもできます。簡単なのに、軽い筋肉痛みたいなものがあるので、しっかり効いてるんだなあと思いました。

体のゆがみの自覚は、あまりありませんでしたが、特に骨盤の前傾と後傾が動かしにくかったです。それが徐々に動き出し、結果**1週間で2・5kg減量しました。**

から揚げ、焼き飯、餃子、お菓子など食べていました。しかし、体重変わらずです！ 食べすぎて、増えるかなと思いましたが、むくみも消えています。姿勢もよくなり、ヒップもあがり、なによりも、歩くのが楽になりました。

実は、股関節の痛み、違和感、歩きづらさ…そして、ひざの痛みがありました。美容も大切ですが、痛みはもっといや!! それがなくなったときの感動はいまも忘れられません。

この体操はムリなく続けられます。

やせて健康になります。

私のように、やせたいけど体に不調があって運動ができない人におすすめします。

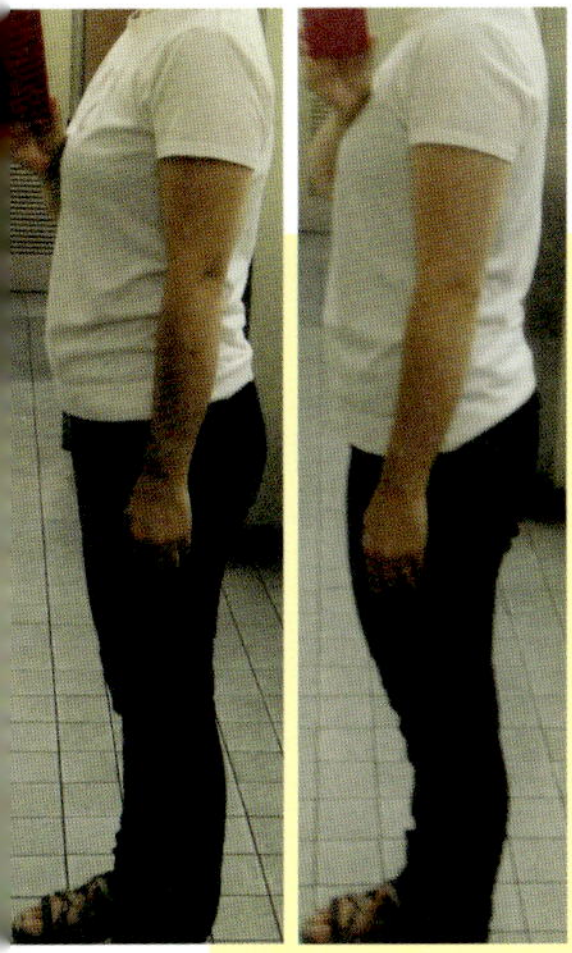

ウエスト
-3〜4㎝

T.Aさん（30代、主婦）

私は誰かにお願いされたり、期日がないと続けられないタイプで、更に1人で習慣化させるのはなかなかできません。

しかしそんなズボラな私も朝起きてから、テレビを見ているとき、子どもを遊ばせているとき、最終的にはお風呂に入る前（鏡があるので）にするのが普通になりました。

はじめて数日でお風呂に入る前にウエストの部分を触っただけで「なんか細くなってる！」鏡で見てもわかる！感じでした。

ウエストは3、4㎝細くなりました。更に背筋が以前より伸びるようになりました。

1サイズ
ダウン

I.Mさん（40代、会社員）

生活が不規則になりがちだったので、自分の好きなときに、しかも手軽にできるかも…とはじめました。

ちょっとやり出すと、自分が動くことが好きだったことを思い出しました。この動きをベースに、その日の調子によって好きな動きを付け足したり。みんなが寝静まってから好きなBGMをめいっぱいのボリュームでかけたりして、体を動かすこと、楽しませてもらってます！

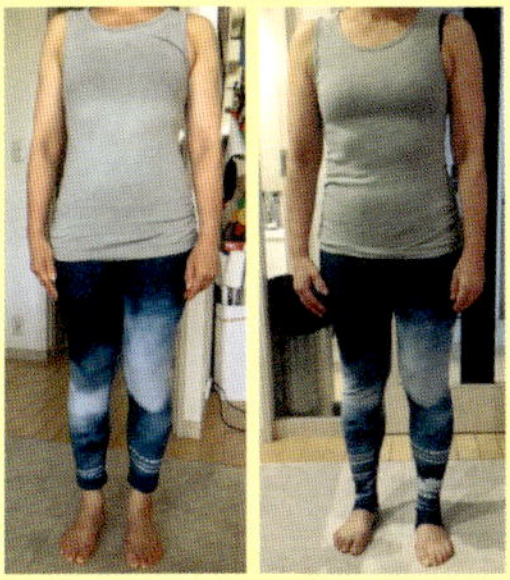

体重の変化はありませんが、**体型、特にお尻周りが1サイズダウン**しました。これからも続けます‼　ありがとうございます！

鶴賀ひろみさん（30代、セラピスト）

昔に比べてお腹が出ていて、お尻も大きくなってきました。そして、転んでからの坐骨神経痛もあり、体が硬くなっているのも感じていました。

取り組んでみて、手軽で意外と簡単でした。気づいたときにちょっとでき、これなら続けられそうだと思いました。

実際続けると、すぐに体が柔らかくなりました。そして、**体が変わると気持ちも前向きになりました。**

仕事が忙しく、時間がない方や面倒くさがりな人でも取り組めると思います。

シルエットが生まれ変わる！ 寝トレ1分ダイエット もくじ

実践した方々の声① …… 6

第1部

だれでも叶う！ 1日1分寝るだけでやせられるメカニズム

いくらダイエットをしてもやせない…。それは、〝続かない〟のが原因でした …… 14
だから寝トレ1分ダイエットでは「たったコレだけで!?」という方法をお伝えします …… 16
寝トレ1分ダイエット 理論① …… 18
寝トレ1分ダイエット 理論② …… 20
寝トレ1分ダイエット 理論③ …… 22

寝トレ1分ダイエットの掟 …… 24
寝トレQ&A …… 26
実践した方々の声② …… 30

第2部

たったコレだけで!? 魔法みたいにやせていく寝トレ

あなたの体はどこに「脂肪の受け皿」が？ まずはチェック！ …… 32
チェック01 広がり …… 33
チェック02 ねじれ …… 34
チェック03 高さ …… 35
チェック04 前傾・後傾 …… 36

えっ？　たったそれだけ⁉　寝トレ①　ねじれ矯正　38
えっ？　たったそれだけ⁉　寝トレ②　C字曲げ　40
えっ？　たったそれだけ⁉　寝トレ③　タオルつぶし　42
えっ？　たったそれだけ⁉　寝トレ④　丸める・反らす　44
えっ？　たったそれだけ⁉　寝トレ⑤　ばんざい　46
あなたの体へオススメ！　寝トレメニュー　48
実践した方々の声③　50

第3部

ズレ&広がりを整えたら 一生やせが手に入る！

なぜ同じ食事をしても、同じ運動をしても、「やせる人」と「太る人」がいるのか？ …… 52
運動、食事制限、エステでも効果なかったのに…寝トレで15キロやせた！ …… 54
「美骨」になればだれでもやせることができる！ …… 56
体の要、「骨盤」の状態は全身を変える力がある …… 60
●骨盤を閉めて、キュッとした小顔をつくる …… 60
●分厚い上半身、背中のハミ肉、ワキ肉がなくなる！ …… 62
●ポッコリお腹とさよなら！　くびれたウエストへ!! …… 63
●下半身太りを撃退すると、脚の長さも形も変わる！ …… 64
部分やせにオススメ！　寝トレメニュー …… 66
骨は簡単に動く！　習慣化して脂肪がつくスキのない体に！ …… 70
骨を動かすには〝寝ながら〟が一番！ …… 74
肌荒れ、便秘、冷え、生理痛…　女性の悩みも寝トレで一掃！ …… 77
骨盤コラム①　あなたの「土台」はどんな状態ですか？ …… 80

第4部

一生太らない！「きれいだね！」といわれ続ける過ごし方

やせた体をキープする過ごし方① 「美骨」を意識するだけで太らない体になる …… 82

やせた体をキープする過ごし方② 体のゆがみにつながる動きを排除 …… 84

あなたはどっち？ 美しくやせる「美骨ポーズ」or ゆがみにつながる「魔骨ポーズ」 …… 86

やせた体をキープする過ごし方③ 「リマインダー」でいやでも美骨を思い出す …… 88

骨盤コラム② ダイエットを始める最適なタイミングとは？ …… 90

おわりに …… 91

第1部

だれでも叶う!
1日1分寝るだけで
やせられるメカニズム

いくらダイエットをしてもやせない…。

それは、"続かない"のが原因でした

糖質制限、ダイエット食品、筋トレ、サプリメント、エステ……。

テレビや雑誌で新しいダイエットが登場しては話題になります。聞きかじった情報で、「○○してはいけない」と、自分に制限をかけても、ダイエットに失敗している人は多いのではないでしょうか。

ちょっと待って！

それこそが、ダイエットで失敗する原因なのです。

急にこれまでの生活習慣を変えるようなやり方は、体にもメンタルにも大きな負担になります。

もし、新しい習慣に変えたとして、一生続けるのでしょうか？

元の生活に戻ったら、体も元に戻ってしまったというのでは、心も体も報われないどころか、いっそうのダメージになってしまいます。

本当に、制限をかけることがダイエットにつながるのでしょうか？

頑張れば頑張った分だけやせられるのでしょうか？

その思い込みをいま一度、見直してみませんか。

だって、〝本来の自分に戻る〟だけで理想の体へと変わっていくのですから。

一生続けられる方法こそ、正しいダイエットといえるでしょう。

続かない原因 第1のカベ

「食事制限」をすればやせる

食事制限と聞くと、絶食や極度なカロリー制限を思い浮かべるかもしれませんが、それだけではありません。ちょっとしたお菓子のガマンだって、地味にハードではありませんか？

続かない原因 第2のカベ

「ハードな運動」をすればやせる

これまで運動をしていなかったのに、いきなりランニングやジム通いはなかなか続きません。それにキツイ、苦しいほどの運動は体にダメージを与えてしまう恐れもあります。

続かない原因 第3のカベ

「流行りのダイエット」をすればやせる

誰かに効いたダイエットがあなたに効果的とも限りません。生活習慣の中に組み込めるものでないと、体質改善は難しいものなのです。

だから寝トレ1分ダイエットでは

『たったコレだけで!?』という方法をお伝えします

正直に告白します。

私は暗黒の20代を送っていました。

太っている自分が嫌で嫌で仕方なく、食事制限も、運動もしました。エステにも通ったし、美容器具の数々も大量に購入して、お給料はダイエットにつぎ込んでいたと言っても過言ではありません。

それだけ熱心におこなっていたダイエット、効果があったのかというと……。

少しありました。でもそれ以上にリバウンドして、またムチャなダイエットをして、リバウンドをして……。完全に〝負のダイエットスパイラル〟に陥っていました。

お金も時間もかけたのに、あまり効果がない。それどころか、むしろ増えているという……。しかも、太っているというだけでなく、手足は冷え、肌は荒れ、自分の姿がひどくなっていく様子に落ち込み、精神的にもどんどんネガティブに。

だからわかります。

〝続く方法〟でないと、ダイエットは成功しないのだと。

ダイエット法はたくさんあり、効果の高いものものきっと多いのだと思います。けれども、自分が実践できるかどうかは別問題。

仕事があり、家事があり、育児もあり、さらにダイエットのために時間を割く暇が私にはありませんでした。

だから〝寝ながら1分〟という簡単な方法を追求しました。

もしかしたら「たったコレだけで本当にやせるの？」と思う人も多いかもしれません。

それくらい簡単な方法なのですから、まずは一度試してみてください。

一生懸命に頑張る必要はありません。寝る前や起きたときに、「なんか気持ちいいからついでにやっちゃおう」」、これくらいの気持ちでいいのです。続けていくうちに、体が変わり始めますから。

寝トレ1分

1

ダイエット理論

どうして寝るだけでやせることができるの？

脂肪のつくスキマがなくなるからです！

ダイエットといえば余分な脂肪との戦い。この脂肪が体のどこにつくか知っていますか？

そもそも脂肪は脂肪細胞が無数に集まってできているもの。中性脂肪を大量に抱え込み、ふつうの細胞に比べて容積が数百倍もあります。この大きな細胞は体にできた〝スキマ〟を狙って増えていきます。

たとえば、右手でバッグを持つ、人の左側に立つ、スマホを右手で持つなど、ちょっとした生活習慣のクセは積もり積もって体のゆがみとなります。

この体のゆがみは、あるべき骨の位置からずれたり、傾いたりすることで起きます。すると、本来ならないはずのスキマが生まれます。

ここが脂肪の受け皿になってしまうのです。

そこで、体のクセが出にくい〝寝た状態〟になっておこなうことで、効率的に〝脂肪のつくスキ〟をなくすことができるのです。

寝トレ1分

2

ダイエット理論

そもそも「脂肪のつくスキマ」をなくすことなんてできるの？

体の要である「骨盤の正しい使い方」をインストールしなおすことで実現！

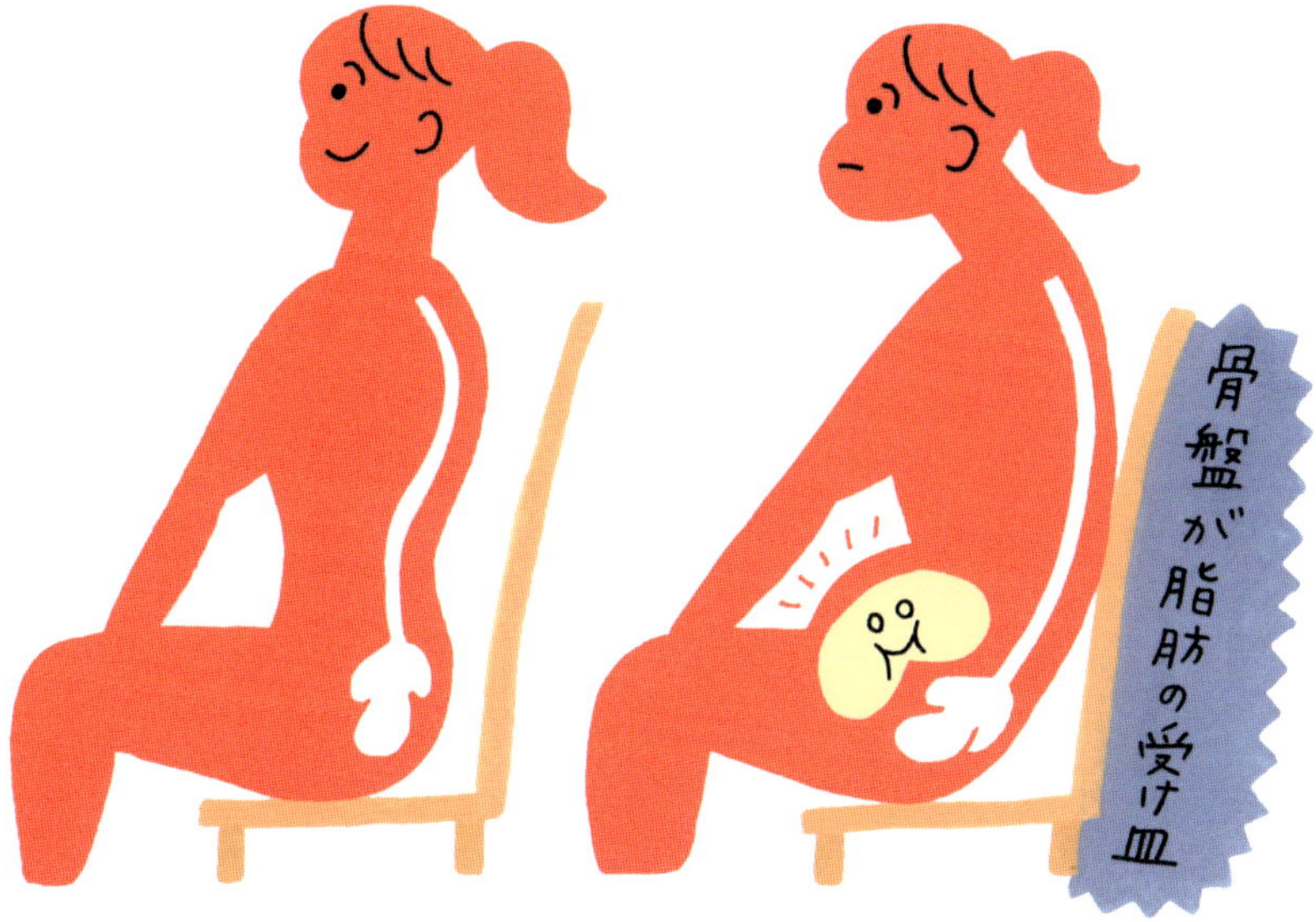

脂肪のつくスキマなんてどこにあるのだろう？と思った人もいるかもしれません。では、実際に脂肪のつくスキマができるのを体験してみましょう。

椅子に座って、背筋を伸ばした状態と猫背の状態を比べます。背筋を伸ばしたときは出ていなかったお腹が、猫背のときにはポッコリ出ていませんか？

これは、背筋を伸ばしたときにはまっすぐだった骨盤が、猫背になると後傾。骨盤が倒れた分のスペースが生まれることによって内臓や脂肪が下がってきます。つまり、骨盤が脂肪の〝受け皿〟をつくっているような状態です。

ポッコリお腹、下半身太り、分厚いアンダーバスト……など、太り方に差がつくのは骨のズレ方に違いがあるからです。寝トレ1分ダイエットでは、体の要である骨盤にアプローチすることで、気になる部分の脂肪撃退を目指します。

寝トレ1分

3

ダイエット理論

ただ見え方が変わっただけでは…？

体重は『シルエット』に合わせて変化します！

シルエットが変わったくらいでやせられるわけがない！

その気持ち、よくわかります。

しかし、そもそもダイエットの目的はなんですか？　体重を落とすこと？　それとも、美しいプロポーションになって活き活きと過ごすこと？

私はただ体重が減るのではなく、やせてきれいになって、素敵な毎日を過ごしたいです。

美しいプロポーションになるということは、ゆがみがないということです。本来の骨格の位置で骨が動くときには筋肉もよく動きます。代謝も上がり、脂肪が燃焼されるだけでなく、脂肪がつきにくい体になるという、ダイエットの好循環が起こります。

心配しなくても体重は後からついてきますから、まずは寝トレで美しい姿を手に入れましょう！

寝トレ1分 ダイエットの

掟

1 ワークの前に体チェック

2 寝トレはリラックスしておこなう

3 ゆがまないスケジュールをつくる

成功のカギは自分の〝ゆがみ〟を知ること！

寝トレダイエットの目的は、骨格を本来の位置に戻すことで美しい姿を手に入れること。まずは、いまの自分のゆがみを正しく知ることが大切です。私は右に傾いていると思い込んで寝トレをするうちに、逆に左側に傾きすぎてしまうこともあります。女性は生理周期によって骨盤の状態も変化しますし、その日によって、ゆがみ方も違います。寝トレの前に、自分の状態をチェックすることを忘れないようにしましょう。

ゆがんで凝り固まってしまった骨を整えるには、十分体をほぐしてあげることも大切です。寝トレ中は呼吸を忘れずにリラックスした状態でおこないましょう。仮に頑張って10分も20分もやっても効果がないどころか、ケガを誘発する恐れもあります。頑張りすぎないことがポイントです。

また、いったん寝トレで体をフラットな状態にしても、日々の習慣はそう簡単には抜けません。ゆがまないための習慣をいかに生活へ組み込むことができるかが、寝トレダイエットの成功を左右します。意識的に美しい骨格へと矯正していくためにも、第4部で紹介する〝ゆがまない生活〟を試してみてください。

Q1

だれでもできますか？

A 老若男女だれでもできます

医師から絶対安静などの指示を受けている方以外は、どなたでもおこなうことができます。ただし、痛みを感じるようであればすぐにやめてください。寝トレは痛みを感じない、気持ちのいい範囲でおこないましょう。

Q2

本当にやせますか？

A 個人差はありますが、必ず変化があります

これまで寝トレをおこなった方は100%何かしらの変化がありました。姿勢が良くなった、肌がきれいになった、疲れにくくなった、筋肉がついた、ウエストがくびれた、婦人科系の悩みが改善した、お通じがよくなったなどです。

寝トレQ&A

Q3

食事はふだん通りでいいの？

A 暴飲暴食しなければいまのままでOK

寝トレを試した方の中には、飲み会が続き、ふだんよりも食べる量が増えたにもかかわらずサイズダウンしたという方がいます。暴飲暴食はせず、ふだんの生活をこころがけていただければ、食事制限をする必要はありません。

寝トレQ&A

Q4

いつやってもいいですか？

A いつでもOK！リラックスした状態だとなおよいです

この時間帯でなければならないという時間帯はありません。ただ、体がほぐれているほうが寝トレの効果を引き出しやすいので、お風呂あがりや寝る前など、リラックスしている時間帯におこなうことをオススメします。

Q5

部分やせはできますか？

A できます。P66で詳しく紹介しています！

太り方は人によって違います。これは骨盤のゆがみ方が人によって違うからです。脂肪がつく部位によってアプローチする方法も違うので、気になる部位に効果的な寝トレをおこなってください。

Q6

運動はしなくていいの？

寝トレQ&A

A ふだんの生活が全身運動になります

体のゆがみの原因のひとつは、体がラクをしていることです。腹筋や背筋がサボっているから骨盤が後傾し猫背になる、というように。ゆがまない生活を実践することは、それだけで全身運動になるのです。

寝トレQ&A

Q7

どれくらいで効果が？

A 早い人はその日に実感。1か月で劇的な変化が！

寝トレの前後で体のシルエットが変わっているのを実感する人もいます。また、4日目くらいに体を動かしたくなってきたという方も。1か月ほどで体に変化が出て、それを2か月ほどかけて定着させるといいでしょう。

寝トレQ&A

Q8

たくさんやってもいいですか？

A 1回の回数より、1日の回数をふやしましょう

体に寝トレの効果を定着させるために、より効果的なのは頻度です。1回に何十分も寝トレをおこなうよりも、1日の中でこまめにおこないましょう。ただし、ムリは禁物ですよ。

実践した方々の声 2

門屋葵さん（医師、30代）

私が山本知子さんと出会ったときは、時間が不規則なうえに常に緊張状態で仕事をすることで、体がへとへとに疲れている状態でした。まずは、体のゆがみやクセをチェックしてもらい、自覚症状と合わせて、私に合った施術を提案してくださいました。

自覚症状としては「肩こり」「首こり」「冷え」に悩んでいました。

知らず知らずのうちに、体の左右のバランスは崩れ、それによる血流の滞りが原因で身体の不調がいろいろ起こっていました。

一番怖いのが、自覚していなかった「呼吸の浅さ」と「睡眠障害」です。

私の場合、「呼吸の浅さ」はストレスや緊張から肩が内側に入り、胸郭《きょうかく》が狭くなることで起こっていました。それを本来の骨格の位置に戻すことで深く呼吸するようになおすのです。

腰や背中や骨盤のゆがみには自分では気づいていませんでしたが、冷えることによりどんどん脂肪が付きやすくなっていました。

生まれつきの骨格によるもの。だんだんクセによってゆがみがでて起こるもの。さまざまだと思いますが、**美骨の考え方によって骨格を整え、内臓を本来あるべき位置に戻すことで、血流も改善し、体調が整い痩身にもつながる**良い影響がでると考えます。

でも30年以上積み重なったこの身体のクセ、そのうちまたいつもの姿勢に戻ってしまうので維持することが大切になります。

そこでセルフ美骨を自分で少しずつ続けられたら効果も上がると思います。

私は、人を癒すのは人の手だと思うので、山本さんの施術をこれからも受けたいです。

そして主婦をしながら、働きながら、育児しながら、時間のない中で少しずつ日々の生活の中にセルフ美骨をムリなく取り入れられたら素敵だと思います。

第2部

たったコレだけで⁉
魔法みたいにやせていく
寝トレ

あなたの体はどこに「脂肪の受け皿」が？

まずはチェック！

お腹に脂肪がつきやすい、下半身だけ太いなど、体の悩みは人それぞれ。そして、それぞれに原因があります。理想のシルエットを手に入れるためにも、まずは、太ってしまう原因を探っていきます。

次のページから始まる1～4のチェック項目に沿って、体のどこに脂肪のつくスキマができているのか点検していきましょう！

48～49ページに体の状態とオススメのメニューが紹介されています。チェックで偏りのなかった方は、左右差をつけずにおこなってください。

本書で紹介している寝トレは動画でもやり方を解説しています。HPのサイト（http://suara-bali.com/netre1/）もあわせてご覧ください。

□ Check 01 ［ 広がり ］

鏡の前に立ってみてください。スタイルよく見せようとするのではなく、ふだんの立ち方で立つほうが、体のクセがわかりやすいです。

立った状態で骨盤の左右の前面を触った感じはいかがですか？　片方だけ飛び出している様子はありませんか？　また、脚の状態はどうなっていますか？　ひざがくっついていますか？　離れていますか？

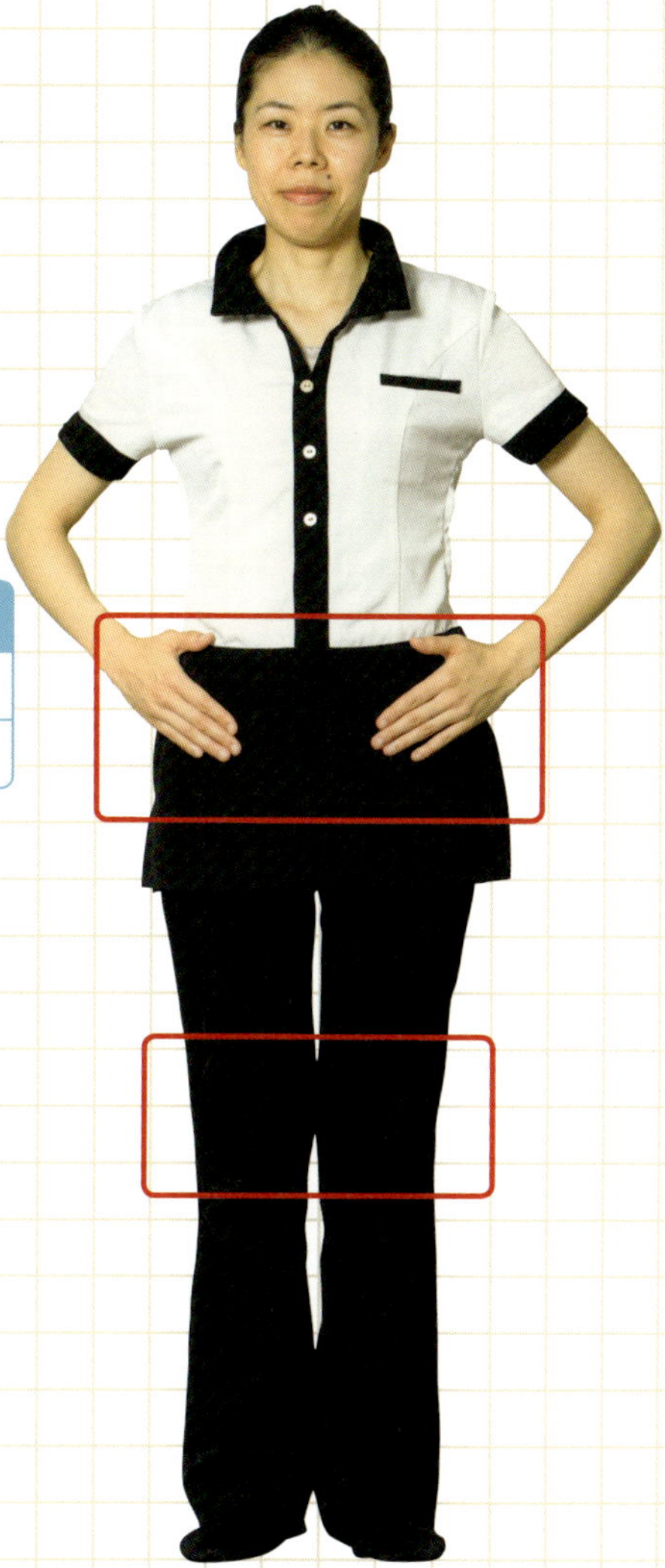

Q1. 骨盤の前面を触った感じは？	
A	右 or 左が出っ張っている
B	出っ張りなし

Q2. あなたの脚はどっち？	
A	ひざが離れている
B	ひざがくっついている

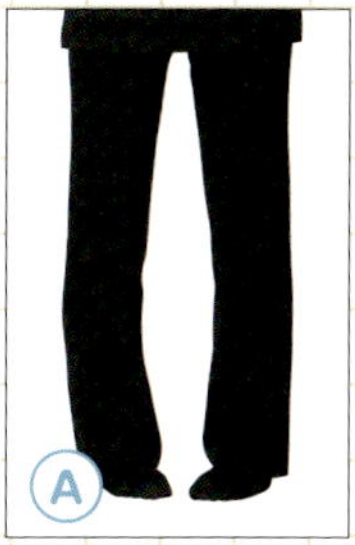

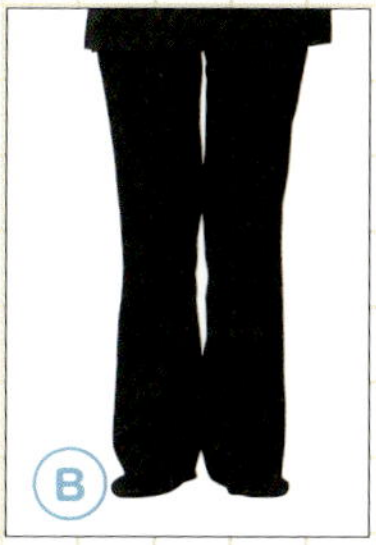

□ Check 02 ［ ねじれ ］

立った状態で、左右に上半身をねじります。腰や背骨に違和感を覚える部分はありますか？　左右差に注意しながらねじってみましょう。

Q1. ねじりにくいほうはある？

A ある

B ない

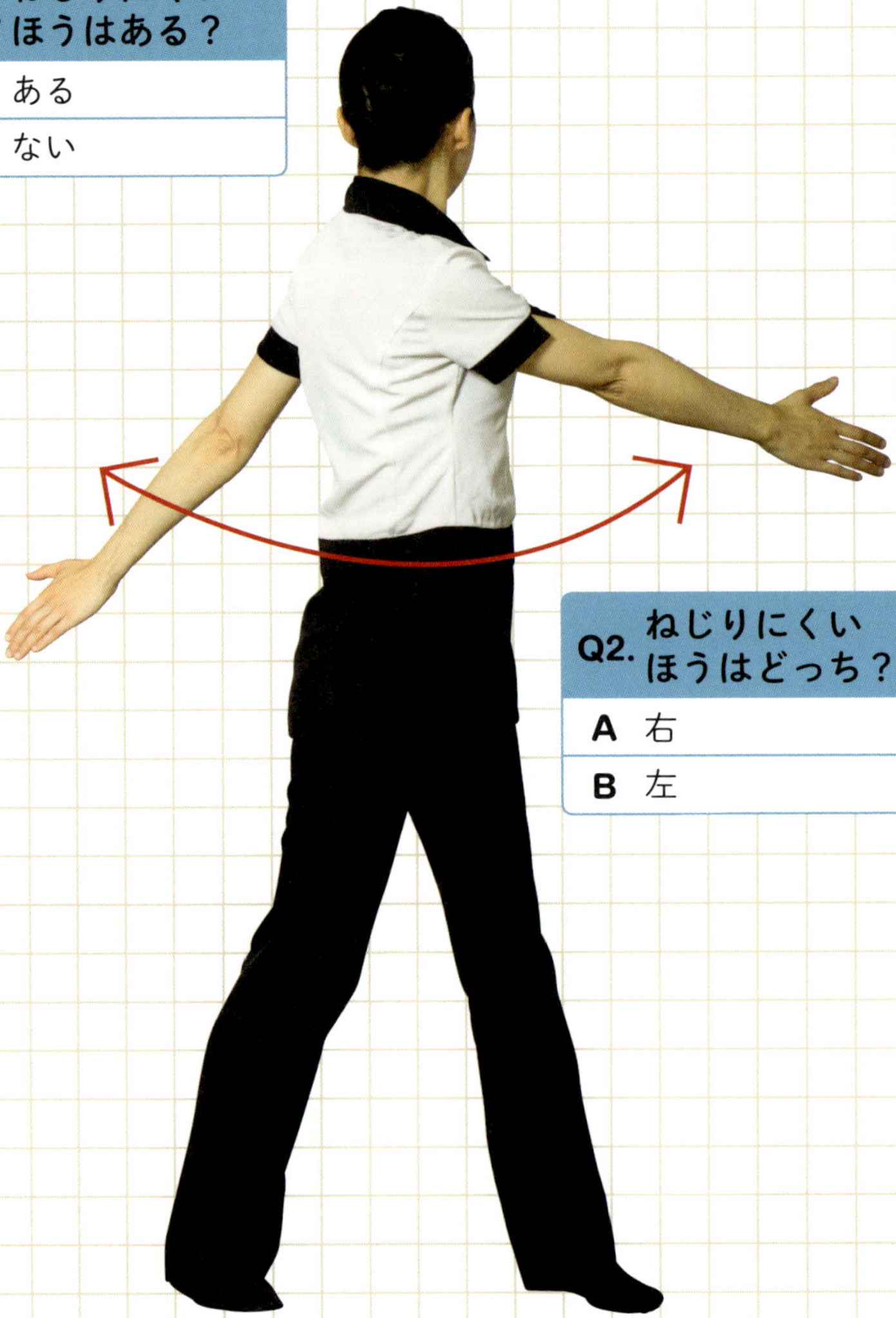

Q2. ねじりにくいほうはどっち？

A 右

B 左

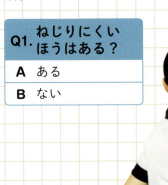

□ Check 03 [高さ]

鏡の前にふだん通りに立ってください。肩のライン、腰のラインはどうなっていますか？　左右一直線上にありますか？　それとも右が高い、左が高いなど、差がありますか？

Q1. 肩のラインは左右いっしょ？

A 違う
B 同じ

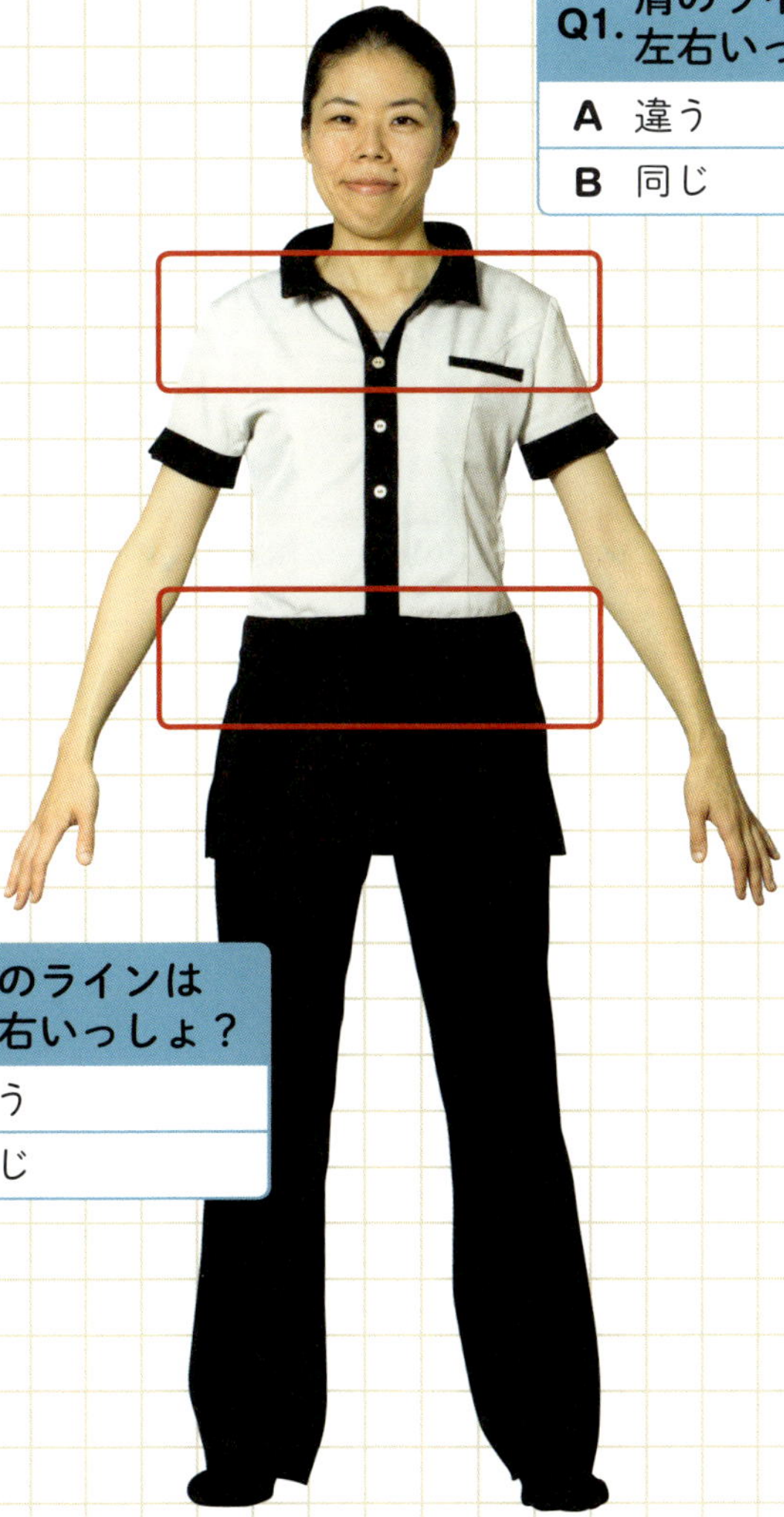

Q2. 腰のラインは左右いっしょ？

A 違う
B 同じ

[前傾・後傾]

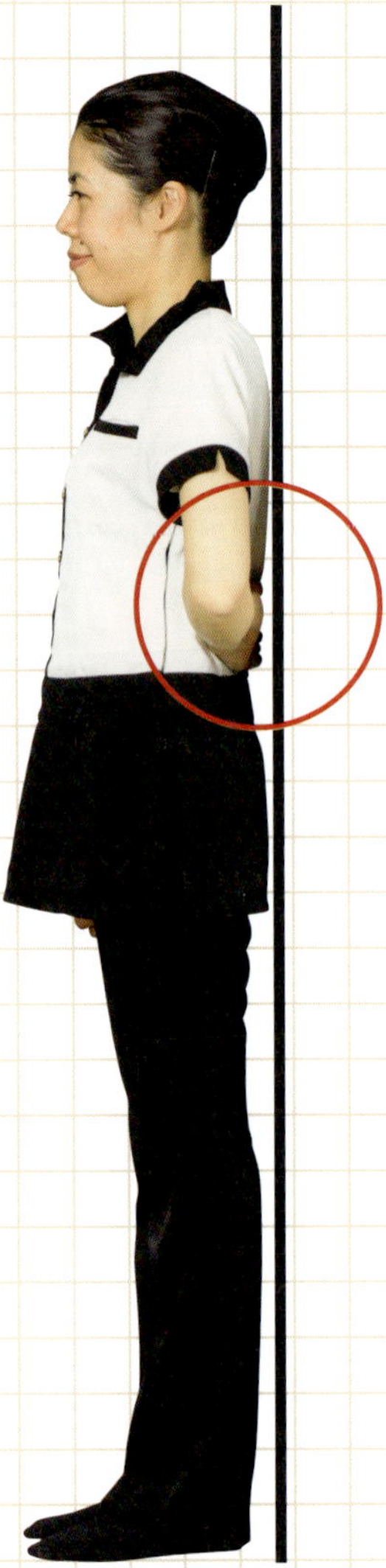

壁に頭とかかとをつけて立ってください。腰のあたりは壁とのスキマがあると思います。どれくらいスキマがあいているか、手を入れてみてください。

手を結んだこぶしが入る、手を開いた状態なら入る、手を開いて指だけ曲げた猫の手なら入る、どの状態ですか？

Q1. どれくらい空いてる？	
A	こぶしひとつ
B	手のひらくらい
C	ねこの手くらい

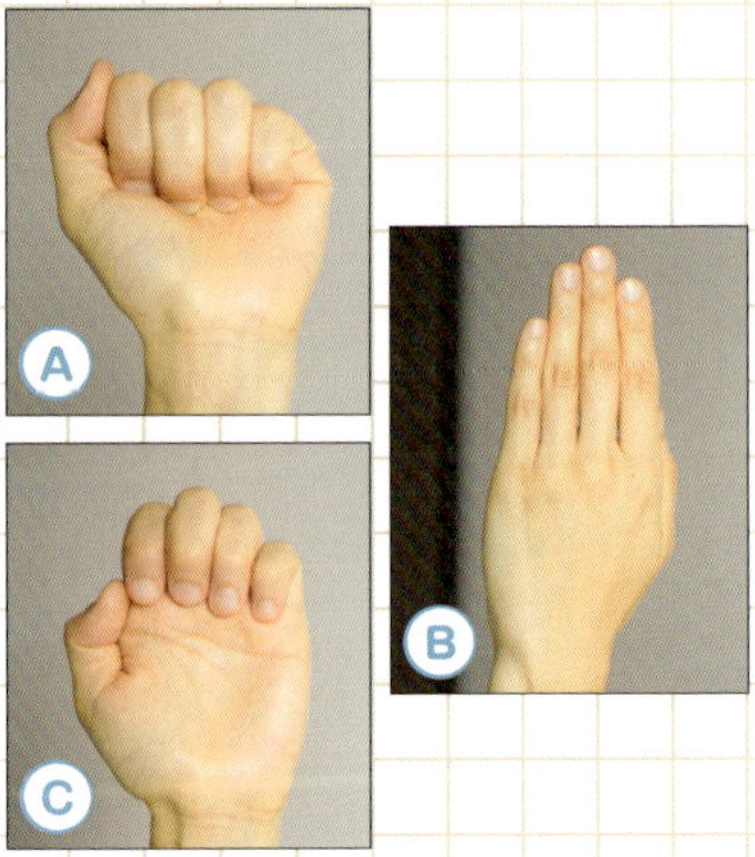

□ Check 04

1メートル四方何もないところで、目をつぶって1分間、足踏みをしてみてください。最初にいたところから、どれくらいずれていますか？

最初の位置にはがせるシールなどを貼っておくとわかりやすいです。ものにぶつかったりしないよう、安全には十分気をつけておこないましょう。

Q2. 1分間足踏みをすると…	
A	左前にいる
B	右前にいる
C	そのまま
D	左後ろにいる
E	右後ろにいる

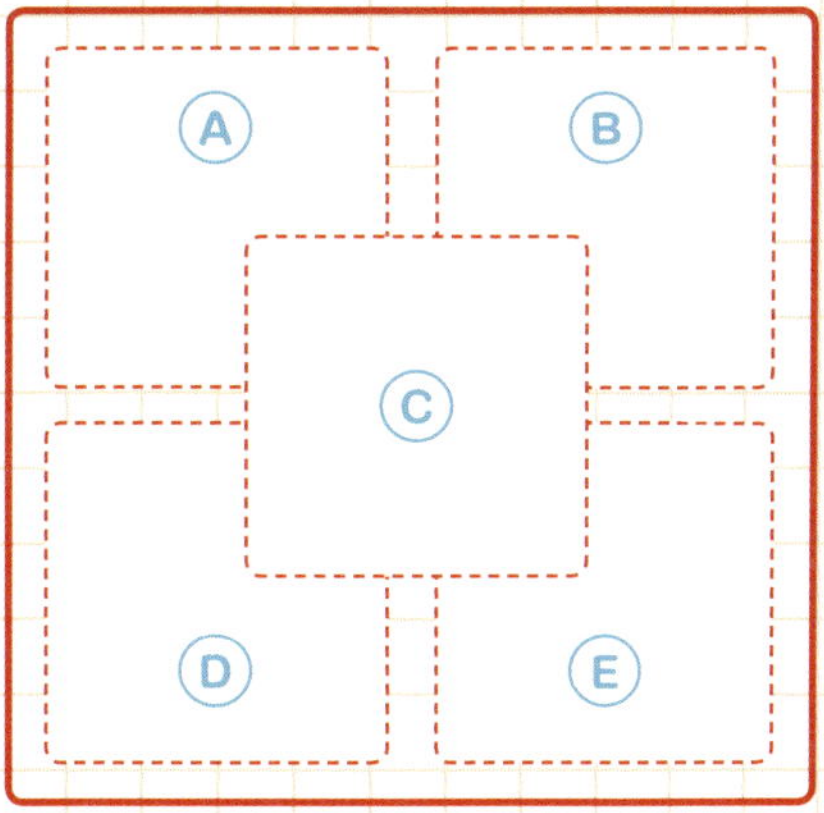

えっ？ たったそれだけ！？

寝トレ 1

ねじれ矯正

骨盤のねじれを取る方法です。
あおむけになった状態で息を吸います。

1 あおむけになる

2 片脚（ねじりにくいほう）を反対脚側へ

息を吐きながら脚を反対側へ。肩が浮かないように気をつけてください。脚を遠くに持っていこうとするより、腰を持ち上げてねじることを意識しましょう。呼吸に合わせて、息を吸いながら元の位置に脚を戻します。２〜５呼吸分ほど、呼吸に合わせておこないましょう。両脚おこないますが、チェック②でねじりにくいほうがあった人は、ねじりにくいほうを１呼吸多めにおこないましょう。

More

強度を上げたい方は、２の後、吸って１呼吸置き、吐きながら顔を脚とは反対方向へ。腰をさらにねじり、脚をより遠くへ持っていくようにします。吸いながら顔を戻します。呼吸に合わせて２呼吸ほどおこないましょう。

えっ？ たったそれだけ !?

寝トレ 2

C字曲げ

骨盤の傾きを整えていきます。

1 あおむけになり、手を頭の上へ

あおむけになって、手を頭上に持っていきます。
息を吸います。

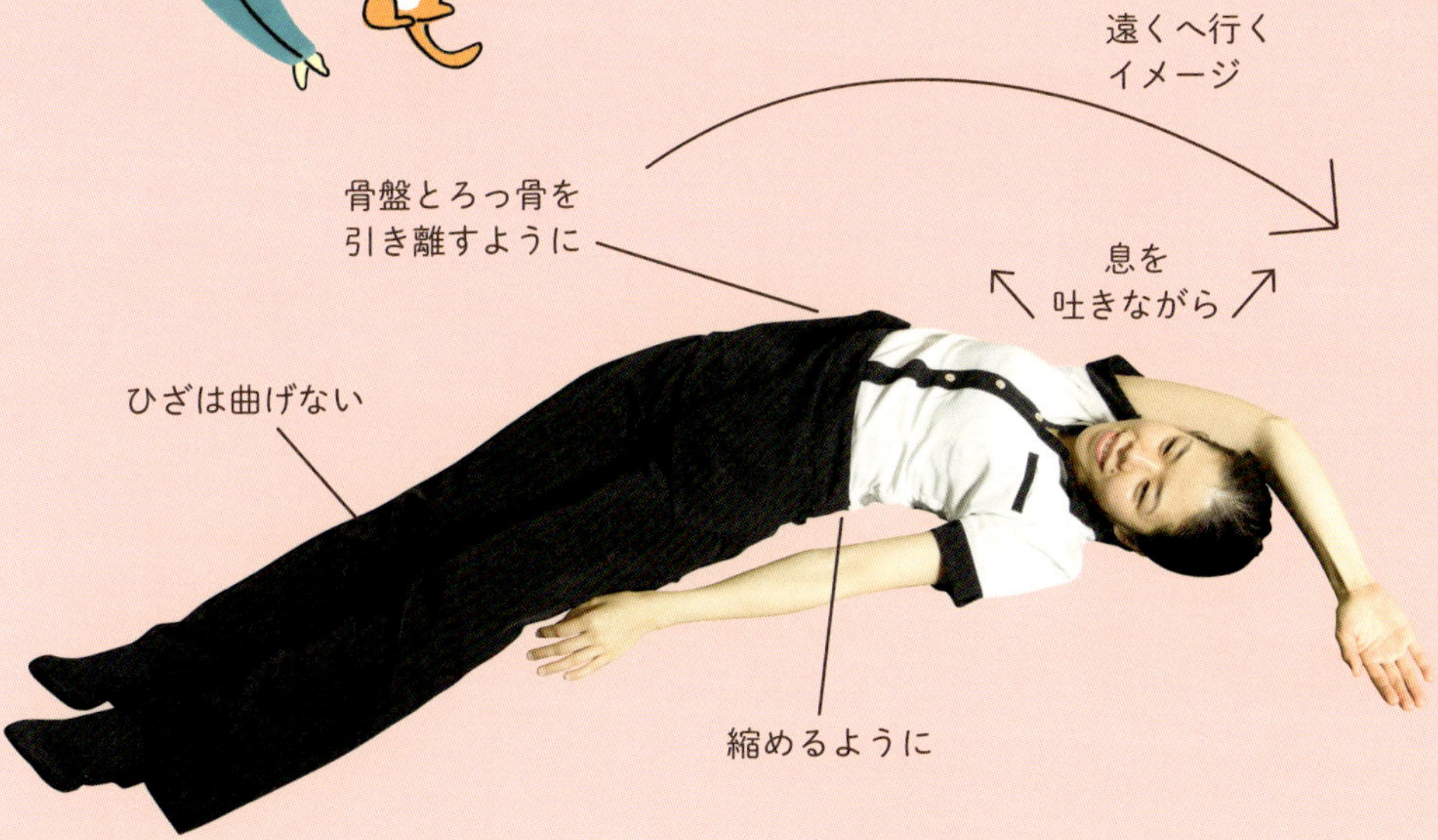

2 Cの字になるよう 手足を傾ける

呼吸に合わせて、息を吐きながら手足をCの字になるように傾けていきます。伸ばした腕側の骨盤とろっ骨を引き離すイメージ。逆側は縮めて小さくなるイメージ。伸ばした腕は前ではなく遠くに行くイメージでおこないましょう。息を吸いながら力を抜き、吐きながら傾きを深めていきます。呼吸に合わせて2～5回おこないます。チェック③で高さに違いがあった方は、肩が下がっている、もしくは腰が上がっているほうを多めにおこないましょう。

寝トレ 3

えっ？ たったそれだけ!?

タオルつぶし

広がった骨盤を閉めていきます。

これくらい

1 バスタオルを用意。三つ折りにする

まずは、バスタオルを用意し、半分に折ります。
3つ折りにし、高さ 10㎝くらいにします。

2 うつぶせになって、骨盤の下にタオルをおく

うつぶせになり、チェック①で骨盤の出っ張りがあったほうにタオルを入れます。タオルの位置は出っ張りのところに当たるくらいが目安です。息を吐きながらタオルをつぶすように、骨盤に力を入れます。息を吸いながら力を抜きます。呼吸に合わせて2〜3回おこないましょう。両方おこない、出っ張りのあったほうを1呼吸多めにおこないましょう。

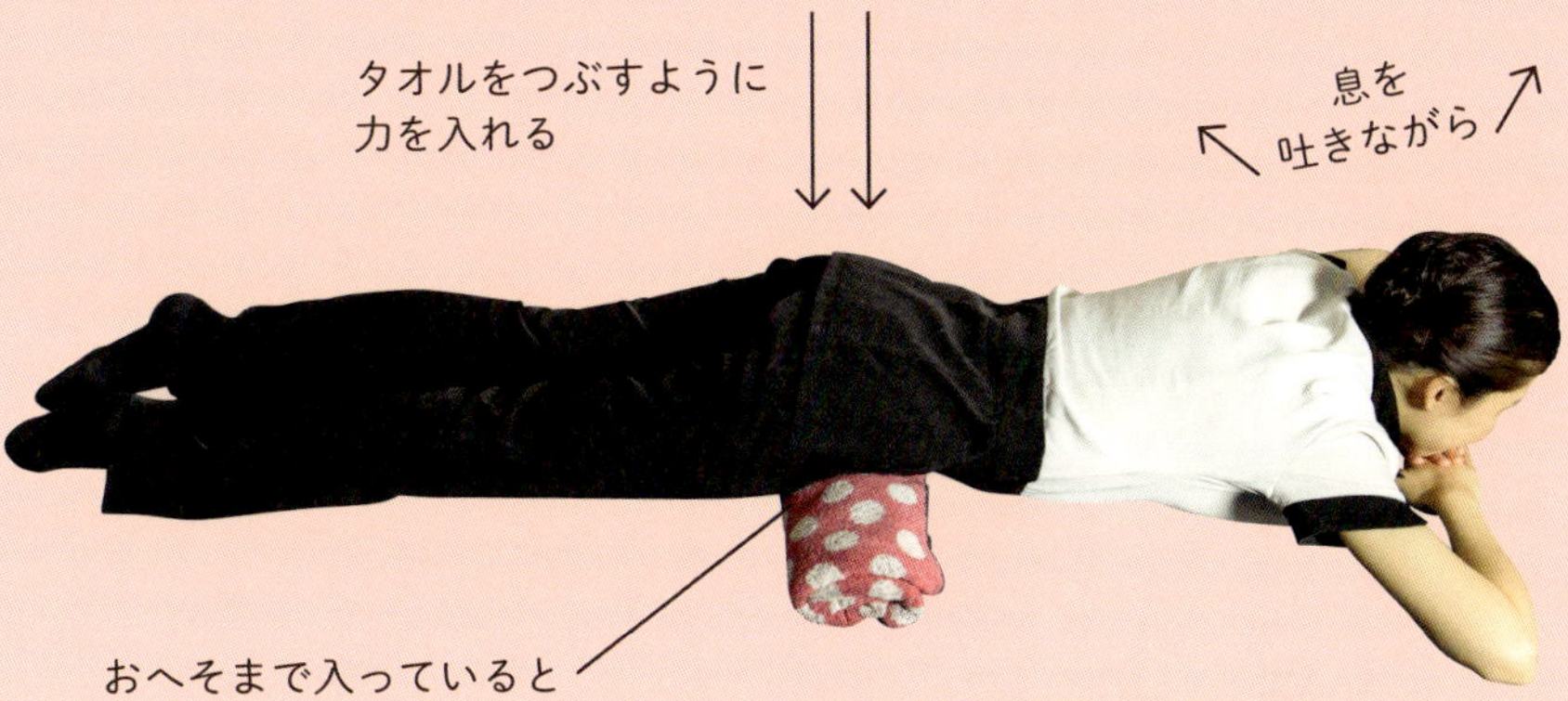

More

さらに強度を高めたい方は、息を吐きながら骨盤に力を入れているときに、タオルのないほうの脚を上げ、タオル側へ持っていきます。吸いながら元に戻します。ヒップアップにも効果バツグンです。

えっ？　たったそれだけ！？

寝トく
4

丸める・反らす

骨盤の前傾・後傾を正す方法です。

1 あおむけになって息を吸います。

チェック④でⒹ、Ⓔの位置だった人は息を吐きながらお腹を天井のほうへ持ち上げるように、骨盤を前傾させます。呼吸に合わせて、息を吸いながら元の状態に戻し、吐きながら、おへそをのぞきこむように骨盤を後傾させます。息を吸いながら元の状態に戻します。写真１→２→３→４の順。呼吸に合わせて２～３回おこないます。チェック④でⒶ、Ⓑの位置だった人は、息を吐きながらおへそをのぞきこみ、吸いながら元の状態へ。吐きながらお腹を持ち上げ、吸いながら元に戻すという順番（写真１→４→３→２）でおこないましょう。

2 お腹を上げるように腰をそらす

3 腰を元に戻し

4 お腹をのぞきこむように腰をおとす

えっ？ たったそれだけ！？

寝トく 5

ばんざい

仕上げにおこないましょう。
骨盤が整ったことで重心が前にいきやすいのを
フラットな状態に戻します。

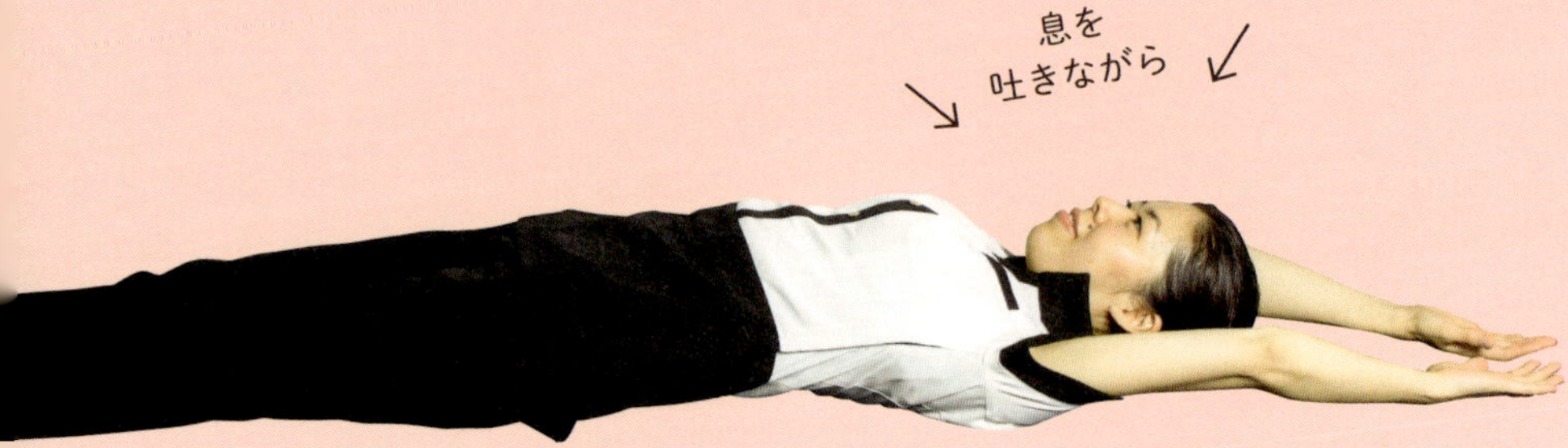

1 あおむけになり、手を頭の上へ

あおむけになり、息を吸って床と垂直になるように手を上げます。吐きながら頭上へ持っていきます。吸って１呼吸入れ、吐きながら肩の位置までひじを下げていきます。ゆっくりと２～３呼吸おこないます。柔らかいベットの上では効果がないので、床やたたみなど、固いところで行うようにしてください。

2 肩の位置までひじを下げる

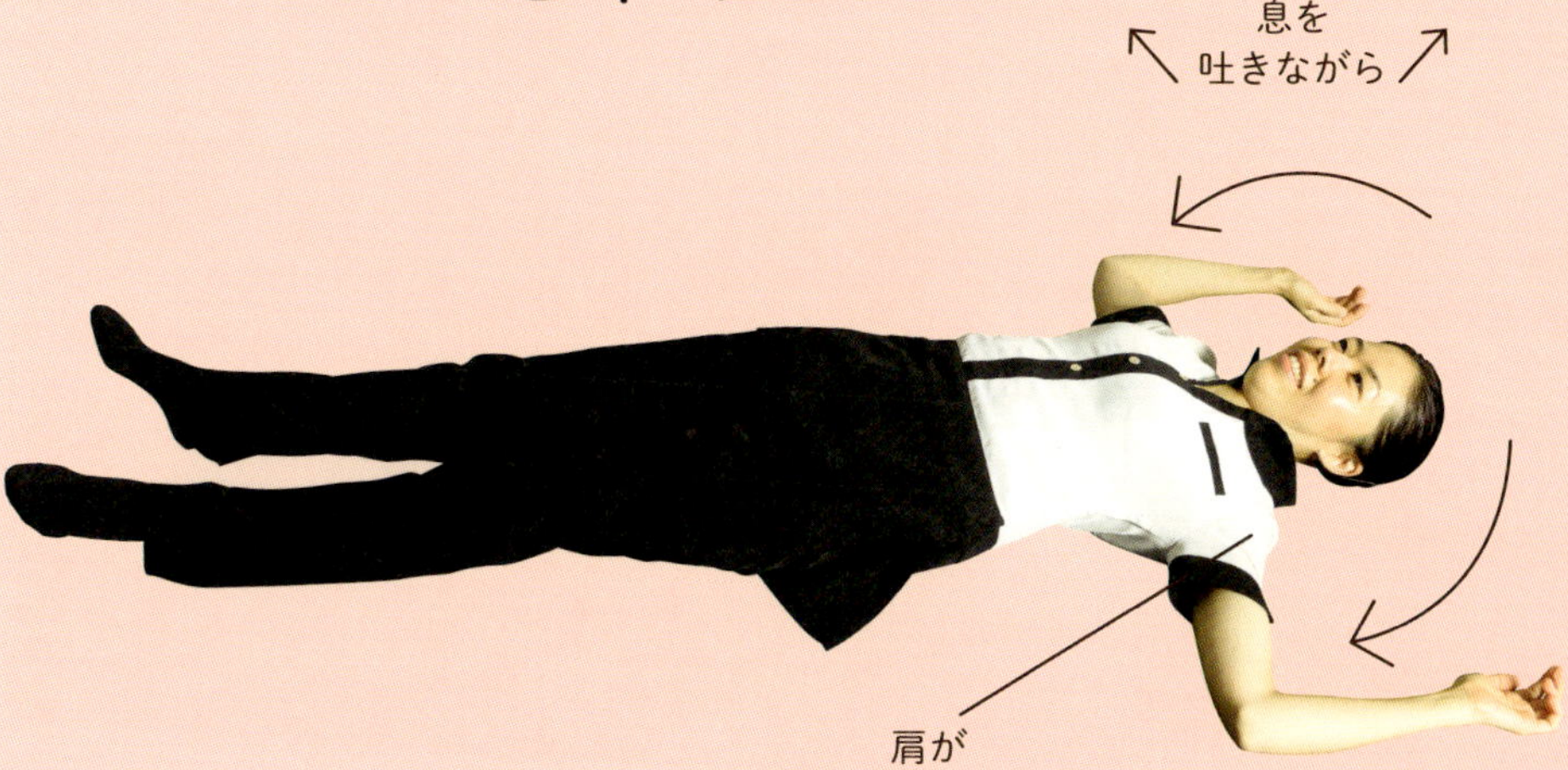

More

さらに強度を深めたい方は、三つ折りにしたバスタオルを肩甲骨のあたりから背骨に沿って置いておこないましょう。

あなたの体へオススメ！

寝トレMENU

□ Check 01

[骨盤の**広がり**がある人]

Q1 で A

出っぱっている人

Q2 で A

ひざが離れている人

[オススメMENUは？]

寝トレ 3

タオルつぶし

寝トレ 5

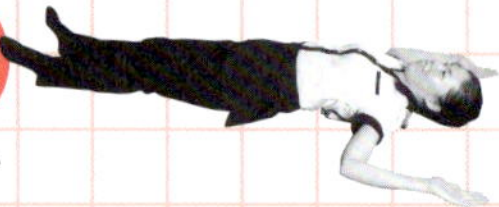

ばんざい

□ Check 02

[骨盤の**ねじれ**がある人]

Q1 で A

ねじりにくさがある人

Q2 で A

右の人は左にねじれている

Q2 で B

左の人は右にねじれている

[オススメMENUは？]

寝トレ 1

ねじれ矯正

寝トレ 5

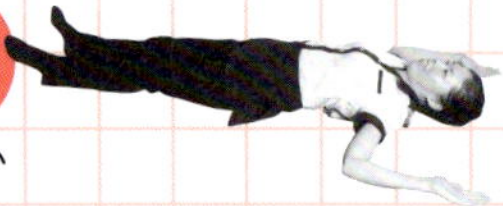

ばんざい

もちろん、すべておこなってもいいのですが…。
いまのあなたの体に合わせて、
より重点的におこなうといいエクササイズを紹介！

□ Check 04

[骨盤が**前傾**している人]

Q1 で A
こぶしくらいの人

Q2 で A
左前の人

Q2 で B
右前の人

[骨盤が**後傾**している人]

Q1 で B
手のひらくらいの人

Q2 で D
左後ろの人

Q2 で E
右後ろの人

[オススメMENUは？]

寝トレ **4**
丸める・反らす

寝トレ **5**
ばんざい

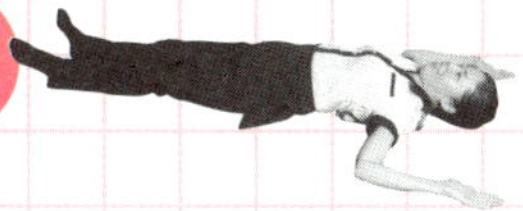

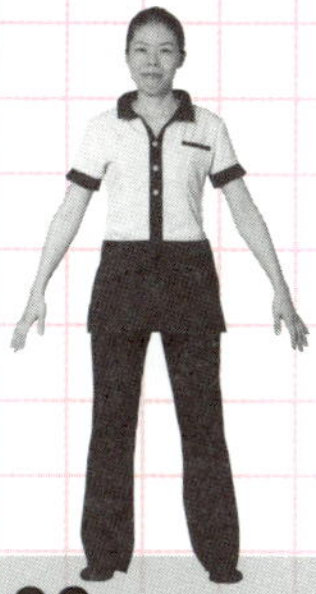

□ Check 03

[骨盤の高さに**左右差**がある人]

Q1 で A
肩の高さが違う人

Q2 で A
腰の高さが違う人

[オススメMENUは？]

寝トレ **2**
C字曲げ

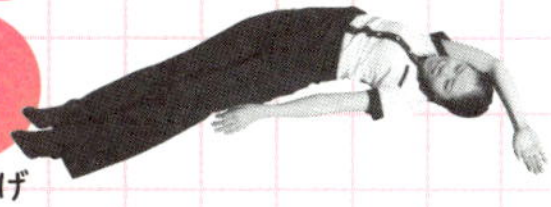

寝トレ **5**
ばんざい

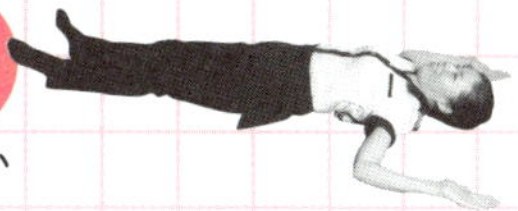

実践した方々の声 3

國武利恵子さん（看護師、30代）

私は10年以上看護師を続けているため、日常は基本的に立ち仕事です。患者様を支えたり、体もかなり動かす仕事であったので、足のむくみや疲れがたまっている状態でした。

体験してみると想像以上の感動でした。**足はみるみる軽くなり。冷え症は改善。**そして、一番びっくりしたのは、**足が細くなったこと**と、終わったときの姿勢。自然と猫背がまっすぐになり、綺麗な姿勢になっていました。**私、美人の姿勢になってるー！**と思うくらいでした。

え⁉ たったこれだけでこんな姿勢になって体がスッキリするんだーと体感しました。また元に戻らないように、しばらく通い続けていると、**周りに足が細くなった！ どうしたの？と気づかれる**くらいでした‼ それにはびっくりでした！

私は、カバンを同じ肩にかけたり、足を組んだり、肘をついたり、スマホを触ったり……日常の習慣が骨格をゆがませ、不調をつくっていたのかもと、感じました。

施術中はセルフケアの方法を教えていただけて、とても勉強になります。美骨整体をうけてから、姿勢などの習慣を変えたり、気にしたりするきっかけにもなりました。価値観や習慣を変えるきっかけになった体験でした。

ぜひオススメしたいのは、

●足が太くて悩んでる方
●看護師や保育士さんなどの立ち仕事や体力仕事の多い方
●姿勢の悪い方（猫背、足を組むのが楽など）
●疲れまくってる女性
●冷え性や、顔や全身のむくみが気になる
●スマホや、パソコンでデスクワークする方

というか、女子全員です！

第3部

ズレ&広がりを
整えたら
一生やせが手に入る!

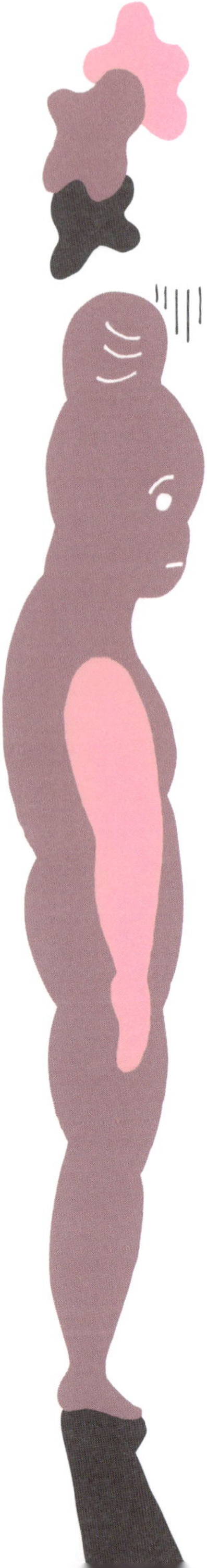

なぜ同じ食事をしても、同じ運動をしても、「やせる人」と「太る人」がいるのか？

一生懸命ダイエットをしてもなかなかやせない人もいれば、何も気にせず生活をしているのに太らない人もいます。

こんなの不公平だ！　と思わずにはいられないかもしれませんが、これこそ「骨」のなせるワザ。

筋肉は骨とともに動きます。骨がずれていると、筋肉の動きにも偏りが出てきます。このことによって、筋肉の下にある血液やリンパの流れが滞り、体内に老廃物や疲労物質をため込みやすくなってしまいます。

また、せっかく運動をしても筋肉がうまく使えません。筋肉は基礎代謝による消費エネルギーも大きいので、代謝が悪いままになってしまうのです。

さらに、骨盤がゆがむと、骨盤内の内臓を圧迫し、活動を抑制。このこともまた、基礎代謝の低下へつながります。ただ単純に食事や運動から摂取カロリーや消費カロリーを比較しても仕方ないのです。

同じように食事や運動をしても、体型に差が出てしまうのはこういうわけなのです。

運動、食事制限、エステでも効果なかったのに…

寝トレで15キロやせた！

私は10代のころ、バスケット大好き少女だったせいか、太るということはありませんでした。しかし、大学に入って一気に体重が増加！

以来、ダイエットとリバウンドを繰り返し65キロに。あらゆるダイエットを試しても体重は減らず、なりたい自分とはかけ離れた姿。なんでやせないんだろうと精神的にも自分を追いつめていました。

そんな私を変えたのが「カイロプラクティック」でした。すぐにカイロプラクティックの専門学校へ通うことに。

太って
いた頃の私

出会ったのが師匠となる美容整体の先生でした。小顔になりたい、脚ヤセしたい、くびれが欲しい……など、3分に1人のペースで女性を美しく変えていく先生。
「骨が整えば美しくなる！」と確信した私は、自分の体を使って、どうしたらやせることができるのか実験を繰り返しました。ねじるとどうなるか、曲げた角度で筋肉の動きに違いが出るか、リンパの流れは……など、足掛け5年の歳月を費やしました。

　結果として、ダイエットに結びついた方法でマイナス15キロを達成し、今も維持し続けています。仕事と子育ての両立という忙しさの中でも続けることができ、お客様にも効果があったものに改善を加え、できあがったのがこの〝寝トレ〟なのです。

「美骨」になれば だれでもやせることができる！

「40歳を超えてから、太りやすくなったし、体型も元には戻らなくなってきた」

「子どもや仕事を優先してしまって、自分に時間をかけたいのにかけられない」

「せめて家でセルフマッサージくらい頑張りたいけど、気力も体力もついていかない」


このような悩みを相談に来られるお客さまはとても多いです。

実は、私もそうでした。

子どもが生まれたとき、サロンと子育てとで毎日必死でした。体力も奪われ、そして、何年か経って気力も奪われました。

何もやりたくない。

誰とも会いたくない。

仕事も子育ても。

でもね、安心して寝ているわが子の手がちっちゃくて、何度も子どもの笑顔に救われました。


そんなとき、自分の施術を自分でできないだろうかと思ったのです。思い返せば、ほかのサロンに行く時間も、これだという体操やストレッチに出会わなかったのも幸いでした。

来る日も来る日も自分の体で試してみました。骨格の動く方向は決まっています。手が届かないところは、体を動かして、試しました。

そしたらできたんです。

身体がスーッと通る瞬間が!!

そして、わかったんです。

骨盤や骨格にはリズムがあることを。

そのリズムをスムーズにしてあげたら、体も心もフワッと軽くなったんです。

どんなにシンプルな暮らしをしていても部屋の掃除が必要なように、人間の体にもメンテナンスは必要です。それがせっぱ詰まった毎日なら、なおさら。どれほど体も心もガタガタになっていることでしょう。

たとえ高品質の車でも、部品同士のつながりが悪かったら、どんなにガソリンを補給してもエネルギーに変えることができません。私たちの体も同じです。体内がガタガタのままでは、食事や運動、エステやサプリなど、体にいいものを取り入れても有効に活用することができないのです。

とはいえ、自分の体をメンテナンスすること、すなわち骨盤や骨格のリズムがスムーズになるように整えてあげることは、大変なことではありません。特別に時間を確保する必要もありません。

本来の骨の状態＝「美骨」を意識するだけでもいいのです。

ちょっと姿勢を正したり、骨盤を動かしてみたり……。骨はすべて連動しているので、たとえどんなに小さな習慣であっても、やせやすい体へと導きます。

忙しさでいっぱいいっぱいになって思い詰めていた私にもできましたし、いまも特別に時間を確保することはありませんが、やせたままのベストな状態をキープし続けています。

こっちの肩にしよ
この企画は
今日も1日がんばったー

体の要、「骨盤」の状態は全身を変える力がある

寝トレは、手軽に全身の骨格を整えていくために、体の要である「骨盤」にアプローチします。骨盤を整えるというと、腰回りのダイエットを思い浮かべる人も多いかもしれませんが、それだけではありません。

骨盤は体の中で一番大きな骨であり、いわば体のターミナル。上は背骨を通じてろっ骨や腕、指先の骨、頭蓋骨につながり、下は足先の骨までつながります。また、その骨に付随する筋肉や、骨盤まわりの大きな筋肉ともつながっているので、その影響力は全身に及びます。

骨盤を閉めて、キュッとした小顔をつくる

一見、骨盤とは関係がなさそうですが、顔の大きさを左右するのも「骨盤」なの

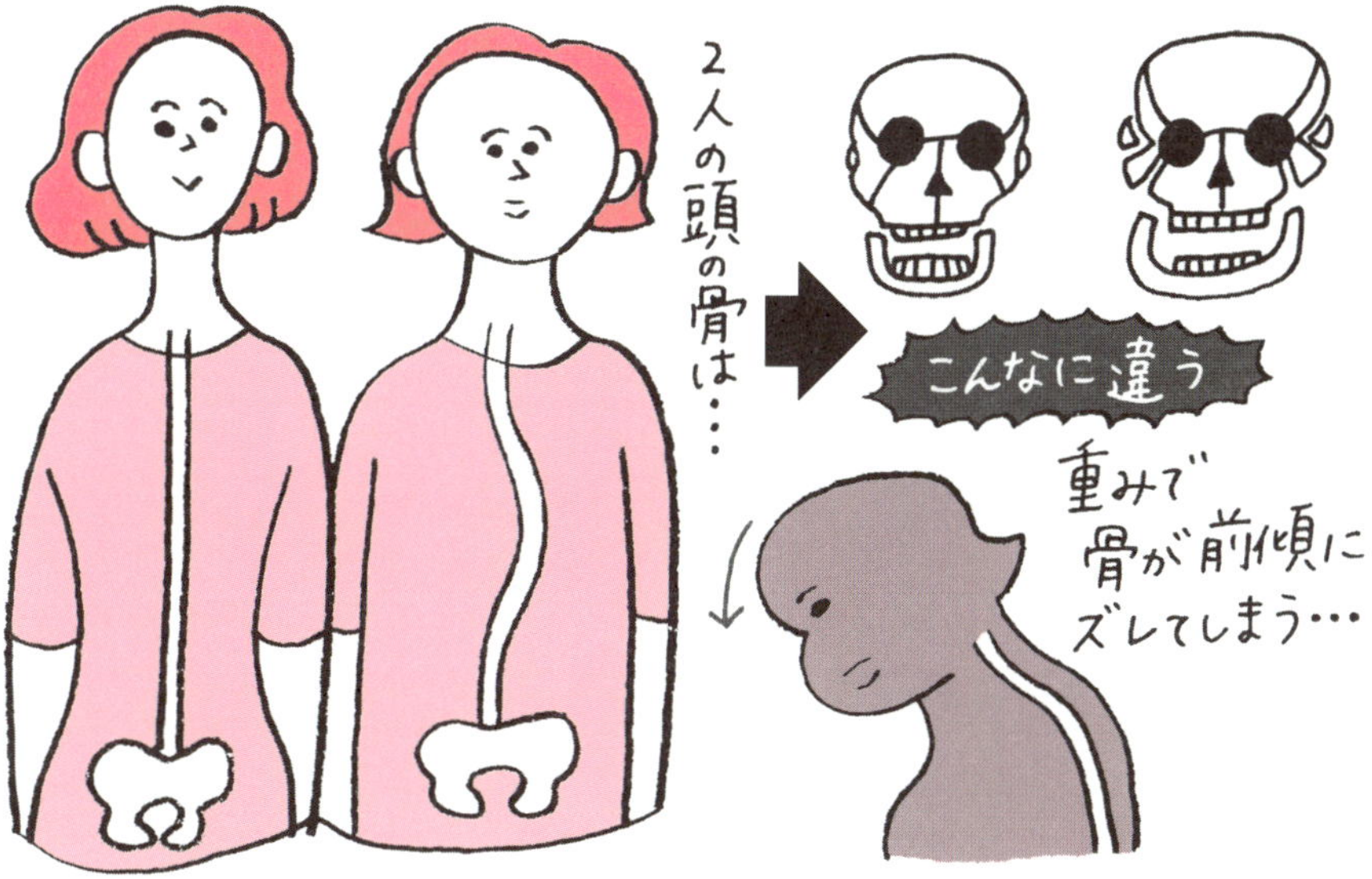

です。頭蓋骨は背骨と連動して骨盤とつながっています。骨盤が開くと、頭蓋骨も広がります。

また、骨盤が後傾することで、背骨が丸まり、猫背になります。前のめりになった状態では、背骨から首の後ろを通って頭蓋骨にまでつながっている脊柱起立筋が衰えます。首が前に傾いた状態を引き起こし、頭と顔は垂れた状態に。顔まわりの筋肉はうまく働かず、血液やリンパも巡りが悪く、結果として顔のたるみ、むくみから大顔を引き起こしてしまうのです。

つまり骨盤を整えることで、背骨、頸椎《けいつい》、頭蓋骨を正しい位置に戻し、周辺の筋肉を働かせることによって横に広がってスキマのできた顔が縦長で立体的なシルエットへ変わっていくのです。

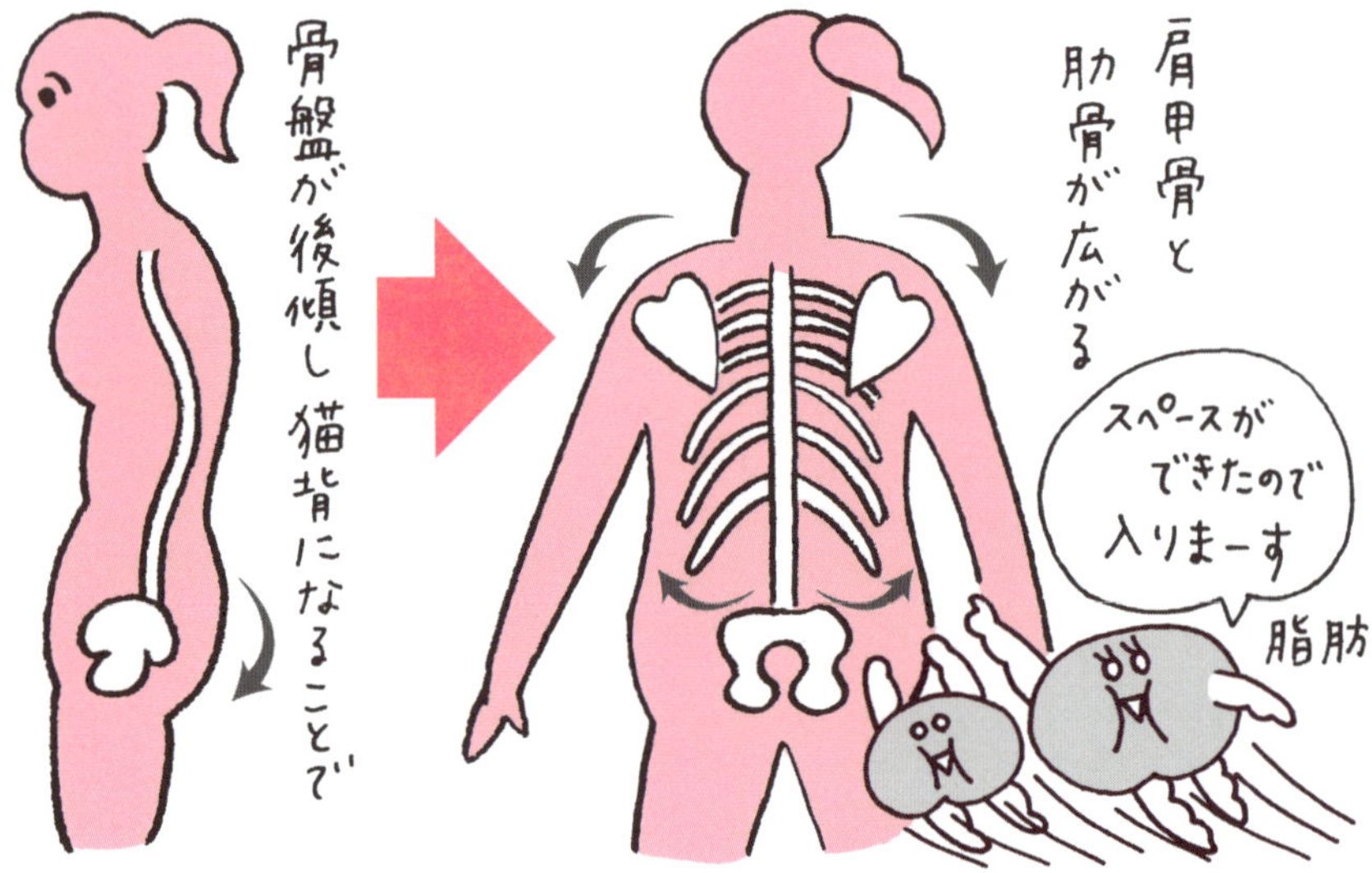

分厚い上半身、背中のハミ肉、ワキ肉がなくなる！

後ろ姿はごまかせません。肉づきのいい背中に気づき、愕然としたことがある人も多いと思います。がたいのいい上半身は骨盤の前傾、後傾が原因。背骨の丸まりから猫背となり、ろっ骨が下がります。下がったろっ骨は横に広がるので、体型が横に大きくなるだけでなく、バストも下がって広がり、アンダーバストとの境目もなくなることに。さらに、肩甲骨も左右に広がって上がり、開いたスペースには脂肪が……。

また、骨盤のねじれは背骨のゆがみとなり、僧帽筋、広背筋の働きを弱めます。僧帽筋は首から肩、首から背中をつなぐ筋肉。広背筋は骨盤から背中、腕までをつなぐ大きな筋肉です。骨が正しく位置し、

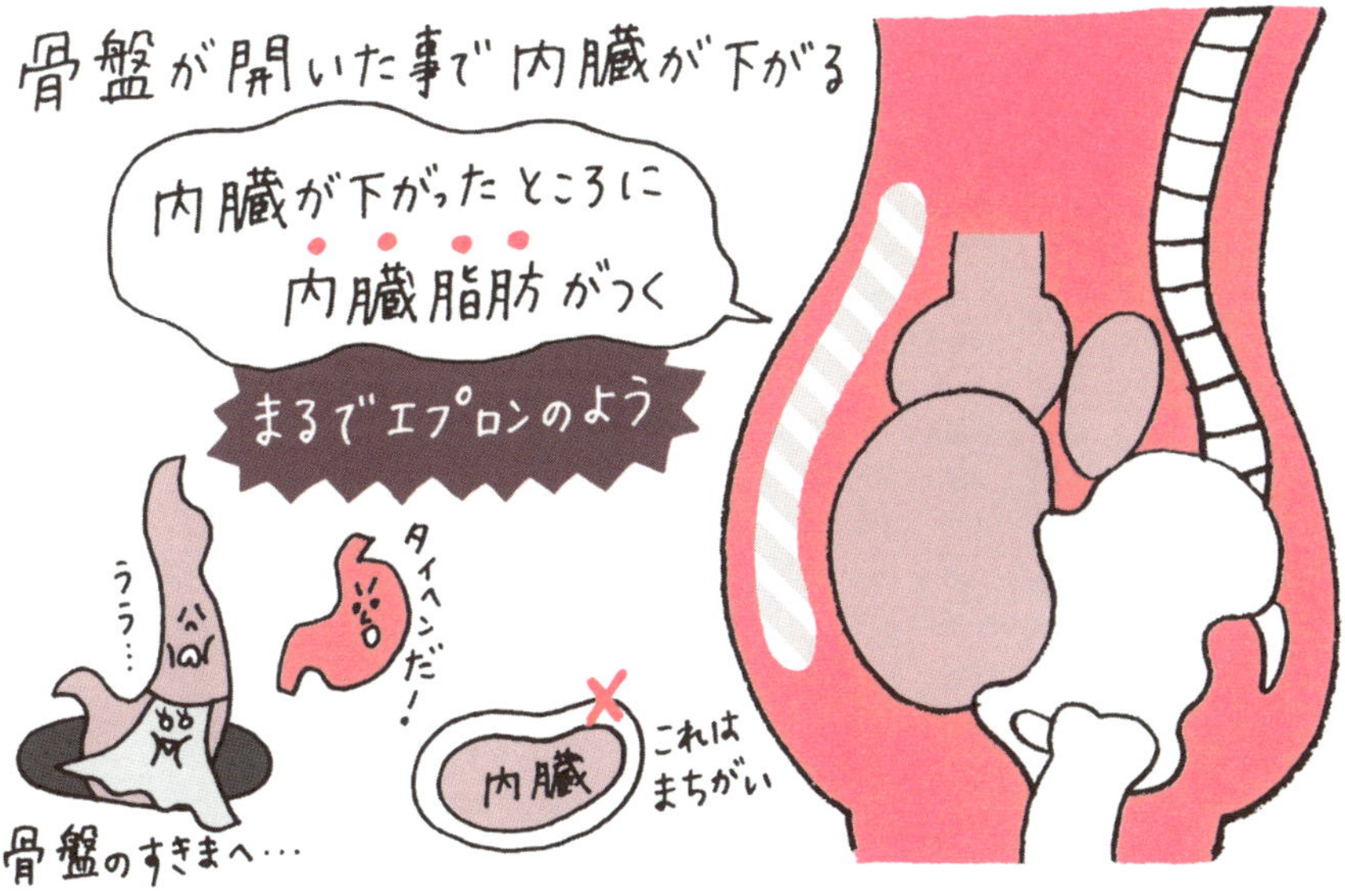

これらの筋肉をしっかり使えれば、後ろから見てもスタイルの良さが際立つ体になれるでしょう。

ポッコリお腹とさよなら！くびれたウエストへ!!

ポッコリお腹の持ち主は、たいてい骨盤が後傾になり寝ているような状態になっている方が多いです。骨盤が後傾すると、背骨が引っ張られるようなかたちで湾曲《わんきょく》。内臓を支えるはずの筋肉も一緒に丸くなるので、支えを失った内臓は本来の位置よりも下がり、これがお腹ポッコリへとつながっていくのです。

さらに！　内臓脂肪というと、内臓全体についているイメージがあるかも知れませんが、じつは前掛けエプロンのように、下腹にメインでつくのです。ですから、ここにたまる余地があると、どんどん脂肪がついてしまうのです。

下半身太りを撃退すると、脚の長さも形も変わる！

下半身に脂肪がつきやすい人は、骨盤が横に広がっている場合が多いです。そう、骨盤が広がっている時点で横に太く見えます。広がった骨盤の間に内臓が落ち、下がった重心を支えようと踏ん張って前ももが張ってきます。

また、骨盤の広がりに合わせて、股関節も横にせり出してしまいます。大きなお尻の出来上がりです。せめて上向きになればいいのですが、前ももが張っているので裏ももがうまく使えず、垂れさがってきてしまいます。

さらに、股関節を軸に脚は動くので、本来なら前後に動く脚が内側にまわるように動きます。背面にあるはずの筋肉や脂肪は側面に移動。脚が太く見えるだけでなく、ひざのお皿が内側を向き、O脚を引き起こすことにも。

このように下半身のゆがみがあると、血流やリンパの巡りも悪くなってしまいます。下半身太りは脂肪だけでなく、老廃物が原因であることも。そけいぶ、ひざ裏には大きなリンパ節があり、老廃物の流れをよくすることでスッキリしてきます。

骨の位置が整うと、スラッとまっすぐな脚になります。お客さまの中には、左右で違っていた脚の長さがそろったり、脚が長くなった方もいらっしゃいました。

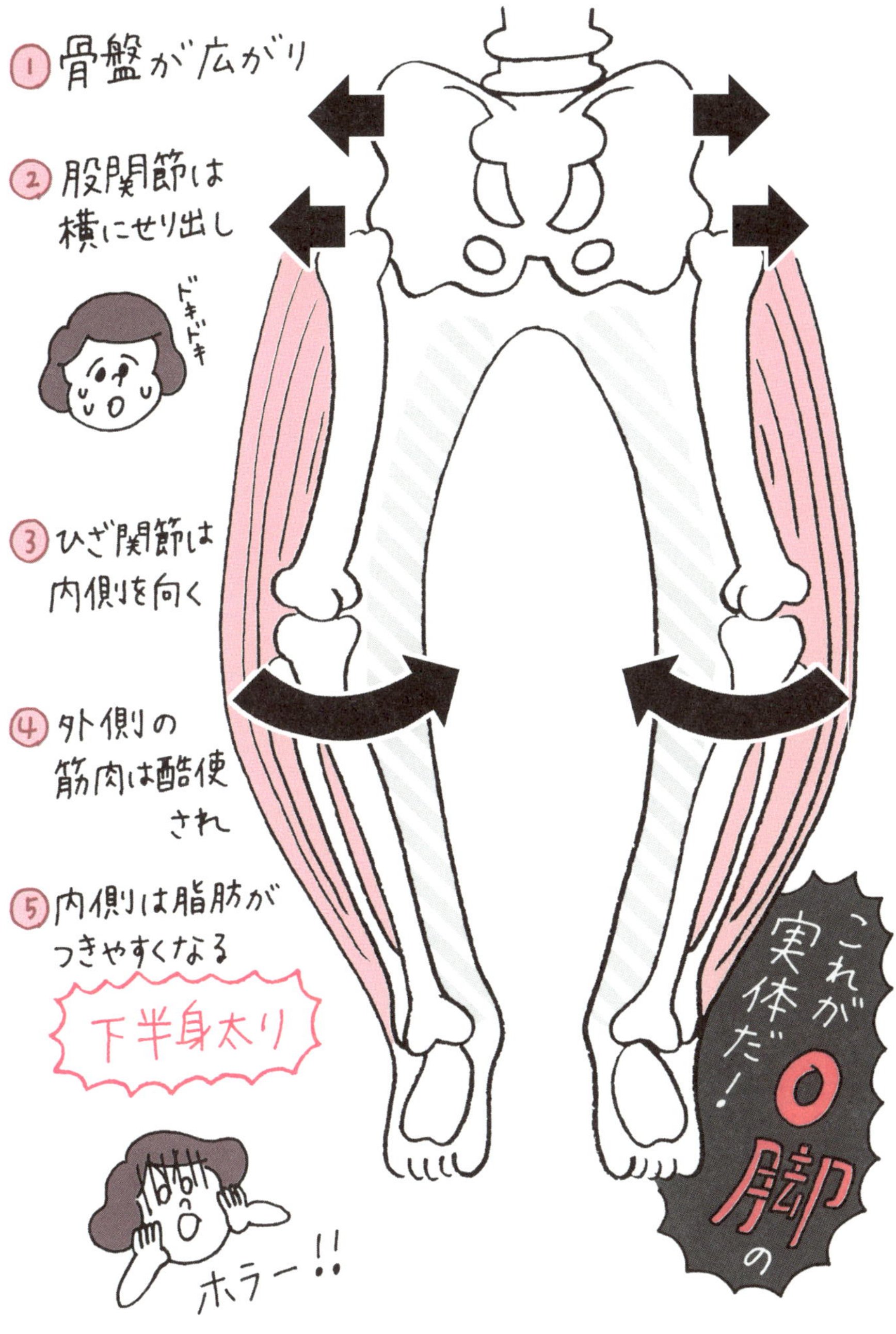
①骨盤が広がり
②股関節は
横にせり出し
ドキドキ
③ひざ関節は
内側を向く
④外側の
筋肉は酷使
され
⑤内側は脂肪が
つきやすくなる
下半身太り
ホラー!!
これが
実体だ！
O脚
の

部分やせにオススメ！

寝トレMENU

「キュッとした小顔」「くびれたウエスト」「スラッとした下半身」……。
同じダイエットでも目指す体は人それぞれ。
どんな体になりたいかというのは、
裏を返せば体のゆがみポイントでもあります。
目指す体に合わせたメニューを重点的におこなってみてください。

くびれたウエストに！

着物はよく似合いますのよ

[オススメMENUは？]

寝トレ 1

ねじれ矯正

寝トレ 2

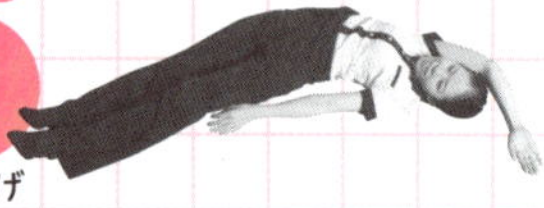

C字曲げ

小顔になりたい！

[オススメMENUは？]

寝トレ 4

丸める・反らす

寝トレ 5

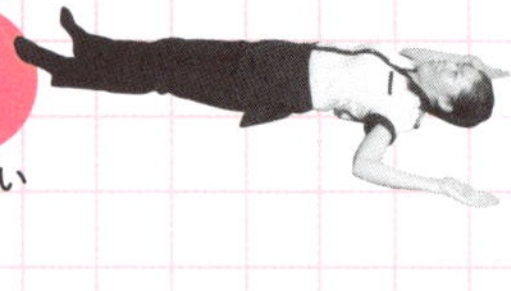

ばんざい

かみのけでかくすの
もうやめたい

下半身太り撃退!

[オススメMENUは?]

寝トレ 1

ねじれ矯正

寝トレ 4

丸める・反らす

O脚をなおしたい

[オススメMENUは?]

寝トレ 3

タオルつぶし

ぽっこりお腹をなくす!

[オススメMENUは?]

寝トレ 4

丸める・反らす

デコルテをほりおこす!

[オススメMENUは?]

寝トレ 5 ばんざい

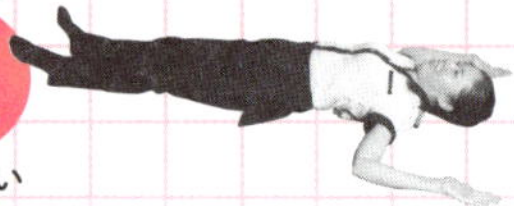

たぷたぷの二の腕とさよなら!

[オススメMENUは?]

寝トレ 4 丸める・反らす

寝トレ 5 ばんざい

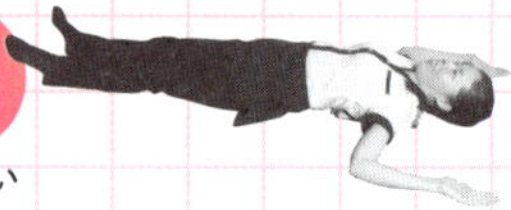

バストアップしたい!

[オススメMENUは?]

寝トレ 4 丸める・反らす

寝トレ 5 ばんざい

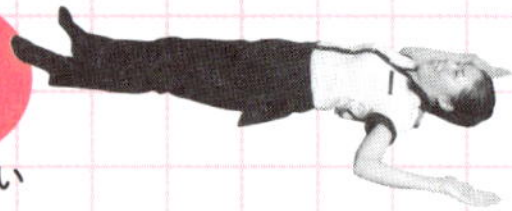

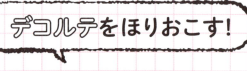

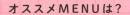

首ニクをなくす!

[オススメMENUは?]

寝トレ 4

丸める・反らす

寝トレ 5

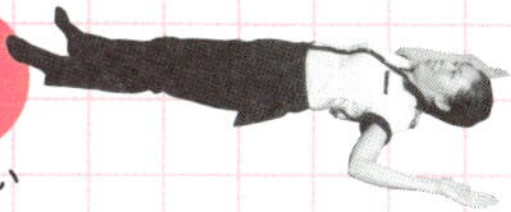

ばんざい

美しい背中に!

[オススメMENUは?]

寝トレ 1

ねじれ矯正

小尻になりたい!

[オススメMENUは?]

寝トレ 3

タオルつぶし

骨は簡単に動く！

習慣化して脂肪がつくスキのない体に！

信じられないかもしれませんが、骨は動きます。

しかも、けっこう簡単に動きます。

そのことを知ったのは25歳のとき。高齢者向けリハビリ施設でストレッチなどの指導をしていた私は、長時間かけて指導しても高齢者の方々の体の不調がよくならないことに悩んでいました。

そんな中でカイロプラクティックの施術を見学する機会があり、その早さと治り具合に驚き、すぐにカイロプラクティックの専門学校に入学しました。

私は学校を通じて知った美容整体の先生に弟子入りしたのですが、その先生がまたすごかった！

1人たったの3分で悩みが解消されていくのです！

目の前でどんどん変わっていく様を見ていると、本来の位置に戻すことは難しいことでも、時間がかかることでもないことがわかりました。

ところで、正した骨が、前の状態に戻ることはないのだろうかと疑問に思いませんか？

もちろん、いままでの体の使い方が染みついている以上、戻る力も働くでしょう。しかし、この体の使い方はふだんの生活習慣によって生み出されたクセです。ならば骨を正し、生活習慣を見直していくことで、十分に〝美骨〟をキープできるのです。体のクセが体のゆがみに通じるように、ゆがみを取る習慣は、ゆがみのない体につながります。習慣化することで、脂肪がつくスキのない体に変化するのです。

突然ですが、ここで問題です。

ウエストを１㎝減らすには、何kg体重を落とす必要があると思いますか？

正解は、１kg。そして、体重を１kg落とすには、７２００キロカロリーを消費する必要があります。だいたいフルマラソン３回分くらい。

だから、１日頑張った、３日続いた……くらいでは体重は落ちないのは当たり前。

運動で体重を落としていこうとすると、定期的な運動量と運動習慣という、かなりの努力が必要なのです。

ということは、太ったら、永遠にやせるのはムリなのでしょうか？

そんなことはありません。やせる体に変えてしまえばいいのです。

エネルギー消費には、

・生活活動代謝：生活で生じる動きや運動で使われるエネルギー
・食事誘発性熱産生：食後の消化運動によって使われるエネルギー
・基礎代謝：生命維持のために最小限必要な代謝

の3種類あります。

約70％が基礎代謝で占められており、代謝のいい体をつくれれば、ふだんの生活の中でやせていくことができるのです。

寝トレは、動きで脂肪を燃焼するのではなく、消費カロリーの高い体をつくる動きなのです。

いままでの生活習慣でずれた骨の位置を正すことで、内臓を正常に動かすことができます。ズレやつまりのなくなった体は血の巡り、リンパの流れもよくなります。

ファッションも
食事も
ちょっとした
運動も
たくさん
楽しめる！

骨を動かすには〝寝ながら〟が一番！

筋肉と骨を動かすには「リラックス（＝寝る）」が一番です。

鉄の棒を曲げるのは難しくても、粘土を曲げるのは簡単ですよね。体も同じです。頑張っているときって、ギューッと力が入って体中が硬くなっていませんか。骨は筋肉にくっついていますから、筋肉が硬くなっているときは、骨を動かすのが難しいのです。

寝ることは体が一番リラックスすること。

重力の負荷もかからないし、自分の体のクセも関係ありません。ですから、体をリラックスさせるには、地面に力を預けてしまうのが一番なのです。

また、ダイエットというと、「動いて、消費！　燃焼！」というのがセオリーだと思っている人が多いと思います。でも、それこそ失敗してきたことではありませ

リラックスして行うことで
骨に圧がかかって
うおー
うおおお
全身の血流が良くなる!!

んか？

体に負荷をかけるエクササイズやトレーニングが悪いわけではありません。

この寝トレでもやせ始めた人はみな、「4日目くらいから、体を動かしたくなってくる！」といいい、自ら体を動かしたくなって、体を動かすようになるからです。体の準備が整えば、自然と体を動かしたくなってくるもの。それから運動を始めれば、エクササイズやトレーニングも続くことでしょう。

私は、仕事に子育てに忙しく、特別なエクササイズやトレーニングはやっていませんが（笑）、それでも15キロやせ、いまだに体重をキープしています。

できるかどうかわからない、ムリするようなことは続きません！

「寝た状態」のいいところは、ムリをしないこと。

負荷をかけようと思えば、ムリのない範囲で自分の体重をかけられます。立った状態でおこなうエクササイズのように、関節や筋肉に過大な負荷をかけないので、やりすぎて体を痛めてしまうということにもなりません。

立った状態では下半身に集まりがちな血流も、寝た状態であれば全身にめぐります。体をほぐし、リラックスさせるためにも、「寝る」というのはだれもができる簡単な方法なのです。

肌荒れ、便秘、冷え、生理痛…

女性の悩みも寝トレで一掃！

私は、やせてくるのと同時に肌がきれいになっていきました。

太っていた当時、体型もコンプレックスでしたが、肌荒れにも悩んでいました。

いまではスッピンで外に出かけられるくらい、お肌には自信があります。でも当時は、ニキビ・吹き出物がひどく、肌の色もさえなかったので、これでもかというくらい、ファンデーションの厚塗りをしていました。

また、手先・足先まで冷たくなっていた冷え症も改善。35度台だった平熱は36度7分に。

これは、骨盤が整うことにより、圧迫されていた内臓・女性機能の回復、全身の血流やリンパの流れがよくなること、骨盤とつながっている背骨が正しい位置にしなやかになることで付随している自律神経の働きがよくなるからです。

さらに不思議なことに、食べたいものも変化しました。じつは食欲も骨盤で適正になります。ハチマキをして頭蓋骨を締めると脳の働きがよくなるように、頭蓋骨が緩むと脳の働きがにぶります。この結果、食欲がなくても食べたり、甘いものや脂っこいものなど中毒性の高いものを大量に食べてしまうことになるのです。骨盤と頭蓋骨の動きは連動しているので、骨盤を整えることが、やせやすい体をつくる食生活へもつながります。

体験者の方たちも同じようです。

「頑固な便秘が治った」「ぐっすり眠れるようになった」「むくみにくくなった」「生理痛がなくなった」「妊娠した」「猫背がなおった」

……など、ただ単に体重が減るのではなく、体の中からきれいになっている様子がよくわかります。

ムチャなダイエットをして、やせたけど冷え症になった、生理が止まった、肌が荒れた、という経験を持つ女性は多いかもしれません。

けれど、それでは美しくならないし、体を壊してしまいます。

あなたの持っている美しさを引き出すことはつらいことでも、体が悲鳴を上げることでもありません。人生を楽しむためにできることだけをやったらいいのだと思います。

過去の私にも言ってあげたい(笑)。

NO MORE BAD CONDITION
肌あれ
ス、フキデ…？
便秘
3日め…
つかう？
冷え
ねむれない
生理痛
マヂムリ
HELLO NEW LIFE!
おめでとう

［骨盤column①］

あなたの「土台」はどんな状態ですか?

骨盤を整えることで……
やせていく人、肩凝りが軽くなる人、姿勢がよくなる人、内臓が整う人、キレイになる人、スポーツのレベルが上がる人、人間関係がよくなる人、想いが実現する人などなど、世界が変わった人にたくさんお会いしました。

「骨盤を整えたら、世界が変わっていく」

これね、なんで、誰も教えてくれなかったんだろうって思うんです(笑)。
「土台」ほど大事なものはないということなんですね。

土台が大事というのは何でもそうかもしれませんね。
運動するときは、足腰を鍛えるのが大事だし。
家は基礎をしっかりつくり込むし。
おいしい野菜を育てるには、土づくりが大事。
全てがガチッと合うんです。
大げさですが、地球上全てのものは土台で決まるのかもしれません。
そして、人生も。

あなたは骨盤を大事にしていますか?
あなたは骨盤と会話していますか?
開いたり閉じたり、リズムを感じていますか?

第4部

一生太らない！「きれいだね！」といわれ続ける過ごし方

やせた体を
キープする過ごし方

1

「美骨」を意識するだけで太らない体になる

「寝トレ」で手に入れた、あなたが最も美しくいられる体。

キープするために大切なのは、寝トレ以外の時間です。

とはいえ、なんでもかんでも意識して行動するのは大変です。ふだん行動したり、思考したりすることを、私たちは意識してやっていると思っています。しかし、実際は意識しておこなっていることは3％ほど。ほとんどが無意識のうちにおこなわれているといわれています。

だからこそ、ちょっとした〝意識の習慣〟が行動を変えていきます。行動が変われば、それがふだんの動作として定着します。

美骨（＝美しい姿）を意識し、ゆがまない行動の回数をふやすことで、無意識のうちにおこなう美骨のための行動が定着します。

一生ものの太りにくい体が手に入るのです。

やせた体を
キープする過ごし方

2

体のゆがみにつながる動きを排除

私たちは思った以上に骨格に負担を強いる生活をしています。

ちょっとだけ、日常生活を思い起こしてみてください。

朝起き上がるために体を左右どちらにひねりますか？　リビングでのテレビの位置は？　食卓の位置は？　職場でよく話す人はどこにいることが多いですか？　電話や書類の位置は？　椅子の座り方は？　バッグの持ち方は？　スマホを操作する手はどっち？　眠り方は？　分け目は？　よく使うポケットは？

……などなど。

あまりに多くて、「こんなことまで！」と驚いた方もいるかもしれません。どれも無意識にやっていることばかり。まずは自分がどんな動作をしているのか、振り返ってみましょう。

これが、日常生活で体をゆがませてしまう習慣をなくす第一歩です。

あなたはどっち？

美しくやせる「美骨ポーズ」or
ゆがみにつながる「魔骨ポーズ」

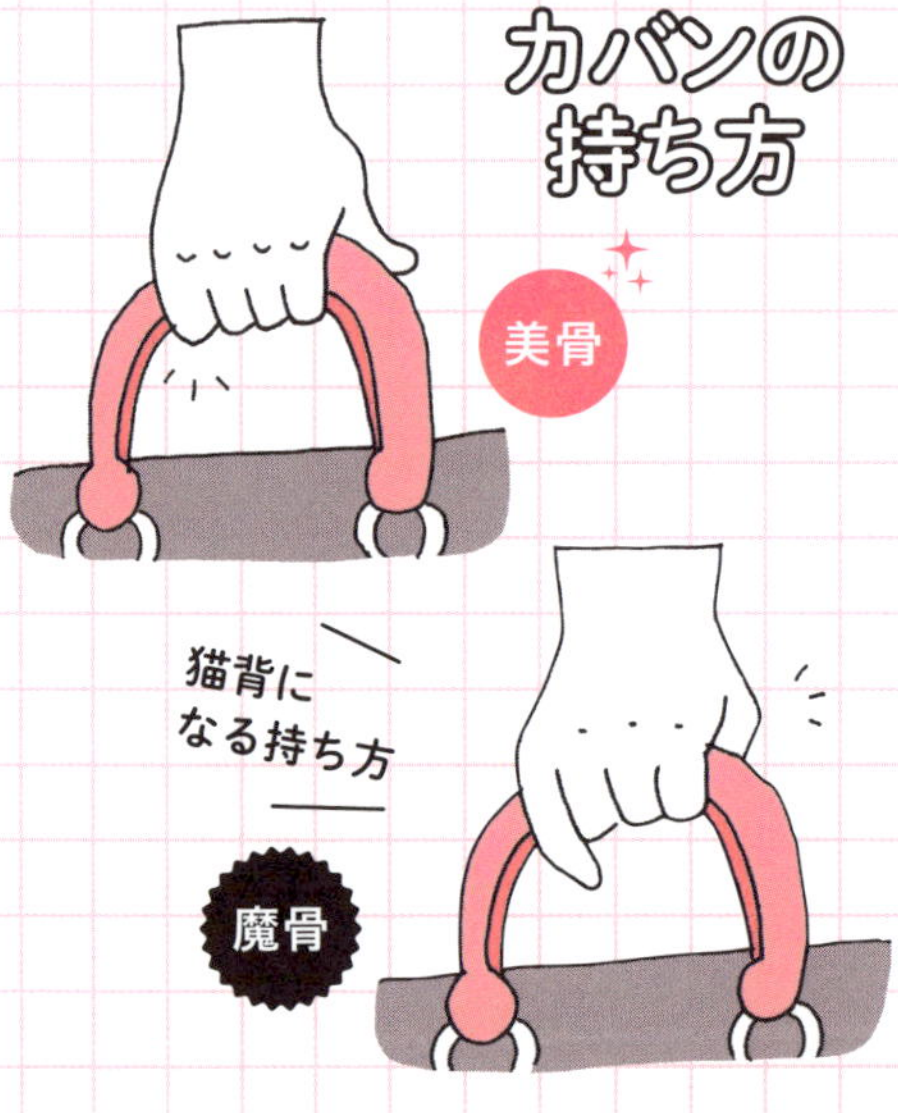

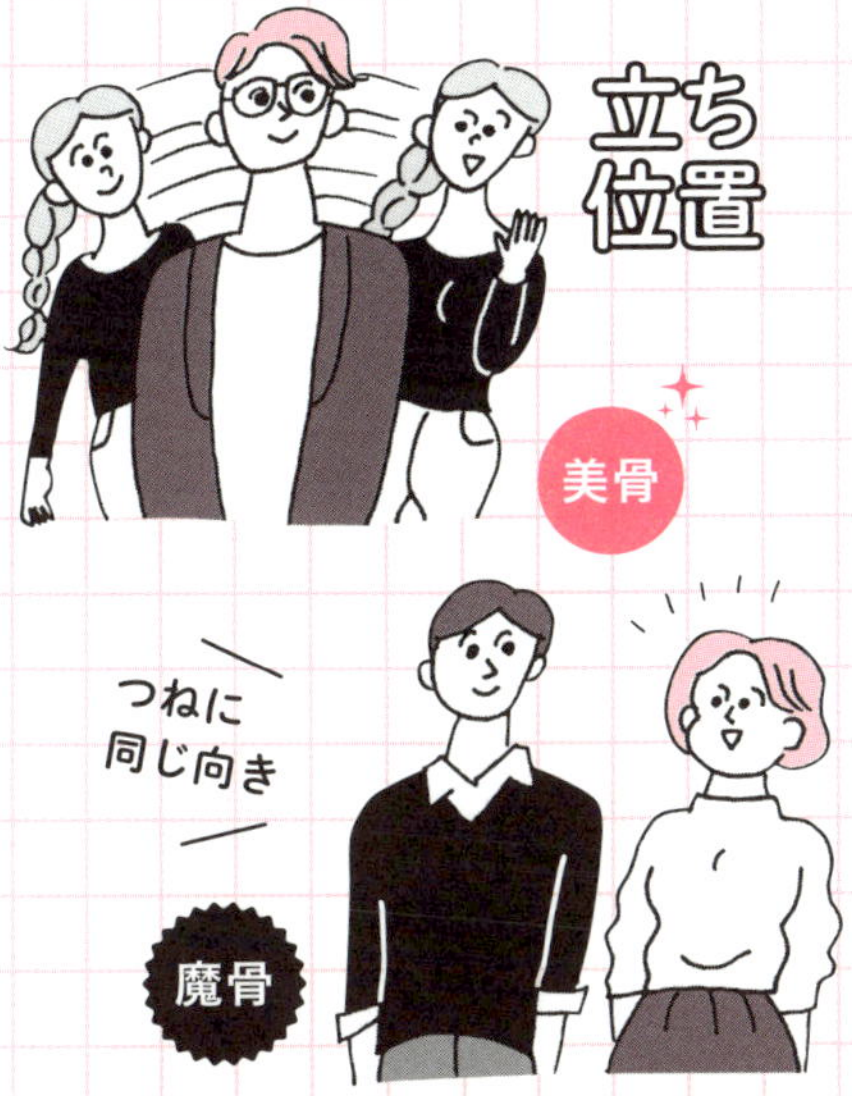

日常生活でおこなっている動作を思い起こしてみましょう。
骨格のゆがみを防ぐ「美骨ポーズ」ですか？
それとも骨格のゆがみにつながる「魔骨ポーズ」ですか？
ぜひ「美骨ポーズ」を意識して過ごしてみてください。

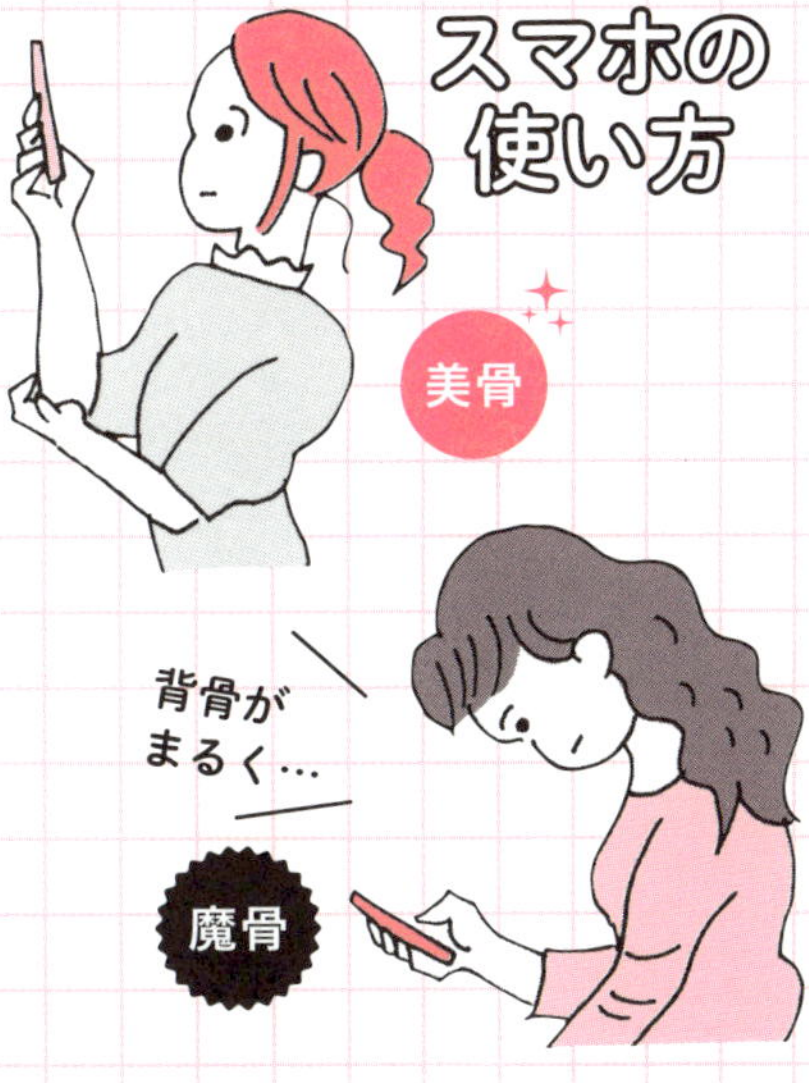

やせた体を
キープする過ごし方

3

「リマインダー」でいやでも美骨を思い出す

美骨を意識するぞ！　と意気込んだところで続きません。何しろ、ほとんどの行動は無意識でおこなわれているのですから。どうしたら、無意識のレベルで美骨生活ができるように、生活に組み込んでいけるのでしょうか？

まずは、生活の見直しです。小さな習慣から変えていったほうが意識しやすいので、日常生活を細分化していきます。朝起きてから、夜寝るまでの行動、間取りや職場環境を書きだしてみましょう。

次に、見直したい習慣をピックアップしていきます。慌てて、あれもこれもやろうとせず、「仕事中1時間足を組まない」、「通勤中はふだんと別の手でカバンを持つ」など、1日にできそうなものを2～3つほどやってみましょう。まだまだやれそうだなと思ったら、個数を増やしたり、時間を長くするなど強度を上げます。

ピックアップした習慣を1か月続けましょう。

この〝続ける〟が難しいと思いますが、スケジュール帳に予定として書いてしまいましょう。特におすすめはスマホやパソコンの「リマインダー」機能をつかうことです。通知が来ることで、いやでも意識します。

2～3か月で習慣が定着します。リマインダーから外したり、別の習慣を加えていくことで、〝ゆがまない〟生活へ変わっていきます。

骨盤column②

ダイエットを始める最適なタイミングとは?

美骨改革はいつがいいですか?

骨格が動きやすいタイミングはいつですか?

ダイエットを始める時期はいつがいいですか?


これはお客様からよく聞かれることです。

結論から言うと……

今!!!!です。これは押し売りでも何でもありません(笑)。


骨盤は季節によって、動きやすい、動きにくい、さらに季節によって開いたり、閉じたりを繰り返しています。そして、季節が暖かいときのほうが骨盤は動きやすく、春や夏のほうが骨盤は閉じやすいのです。

骨格は、たくさんの筋肉でおおわれていたり、筋肉がくっついているので、筋肉が硬くなって、力が入っていると骨も動きにくくなっています。

想像してみてください。体に力が入りやすいのは、寒いとき?温かいとき?

寒さでブルブル震えるときのほうが、体に力が入りやすいですよね。


では、春や夏のほうがダイエット開始に向いているのでは?と思ったかもしれませんが、答えはNOなのです。確かに季節によって動きやすさが変わるので、冬にダイエットを始めたとしたら、結果が出にくいかもしれません。体はひとつ前の季節の過ごし方や、体づくりで決まります。

夏は春によって、春は冬によって、冬は秋によって、秋は夏によって。だからいつの時期であっても「体づくり」という気持ちでいればいいのです。


体はしてくれたことを覚えてくれます。

自分の体と向き合うぞ!　と思ったときがダイエットの始めどきです。

おわりに

最後までお読みいただきありがとうございました。

私には夢があります。
女性が好きなことでイキイキできて、活躍できる世の中にすること。そんなお母さん、女性を見た子どもたちが、未来に希望を持ってもらうことです。

これは、本書でも触れましたが、かつて私がいまの体重より15キロも太っていたことに由来します。
体が重く、冷えて代謝が悪く、顔も大きくて、むくんで肌も荒れてしまっていました。高額なエステに通い、美容器具を買いあさり、スポーツクラブにも通い、ありとあらゆる〝やせる・きれいになる〟といわれるものは徹底的に試しました。

残念なことに結果はほとんど出ず……。人と会うことも、外出することも億劫《おっくう》に。もちろん当時の写真はほとんどなし。

そんなときに出会ったのです。施術時間わずか2~3分。お尻を小さく、顔を小さく、足のライン、お腹周りをあっという間に整えていく先生に。

すぐに先生の元で働くことを決めました。するとサロンでは、一日100人以上の女性のお尻や顔が、どんどんどんどんちっちゃくなっていくのです。もう、みんな大喜び。そんな姿を毎日、目にしているうちに、段々と自分の中の当たり前がそぎ落とされていきました。

やせること、きれいになることは簡単なんだ。
莫大な時間とお金をかけなくてもいいんだ。
本当に自分がやりたかったことに時間を使うことって、なんてステキなんだ。

それから私は念願だった、体の不調を整えるサロンを開業。15キロの減量に成功した自分の人体実験結果と、お客様の体験などの経験がそろって、自分の体を自分で整える「セルフ美骨改革」を確立しました。それが今回の〝寝トレ〟につながっていきました。

めでたし、めでたし。

……といきたいところですが、じつはここで終わらないのです。

続けているうちに、みるみる体のラインが整って、やせてきれいになり、いつの間にか、心にも余裕が出る。すると、ファンデーションを塗らなくても素肌でいられたり、やりたいことができるようになったり、ただ、流れに身を任せているだけでどんどん前に進んだりと、できないと思っていたことが、あっさりと手に入っていくのです。

体と心が整い始めると、〝好きな自分〟が手に入り、やりたかったことがどんどんどんどん実現していくのです。

私一人ができることは限られているかもしれません。でもね、自分で自分の体を整える「寝トレ」は誰にでもできます。そして、それだけで女性はイキイキとしはじめ、キラキラ輝きだします。

さぁ一緒に、最高のあなた自身と、未来の子どもたちに残せるものを全力でつくっていきましょう。

山本　知子

著者紹介

山本知子（やまもと ともこ）

美容整体師。日本美骨改革アカデミー協会代表理事。18年間、延べ2万人以上の施術と運動指導経験から、骨格を整えることが体の根本的な不調を解消できる近道だと気づき、大阪でサロンを開業。自分の体を自分で整えるセルフケア術「美骨改革」を確立し、減量や体調改善のサポートをしている。自身も家事、二児の育児、仕事をしながら、自らのケアだけで15キロのダイエットに成功。特別な食事制限や運動をすることなく、現在も10年以上体型を維持し続けている。体型に悩む女性が美骨改革のメソッドを実践することで、本当にやりたいことを実現して、イキイキと過ごしてほしいとの思いから本書の執筆に至った。

【美骨改革】https://suara-bali.com/

【本書で紹介した寝トレの動画】http://suara-bali.com/netre1/

STAFF

撮影	宗廣暁美
本文イラスト	こたに千絵
デザイン	黒田志麻
帯写真	iStock.com ／ Khosrork

シルエットが生《う》まれ変《か》わる！

寝《ね》トレ1分《ぷん》ダイエット

2019年2月5日　第1刷

2023年1月30日　第7刷

著　　者　山《やま》本《もと》知《とも》子《こ》

発行者　小澤源太郎

責任編集　株式会社 プライム涌光

電話　編集部　03(3203)2850

発行所　株式会社 青春出版社

東京都新宿区若松町12番1号〒162-0056

振替番号　00190-7-98602

電話　営業部　03(3207)1916

印　刷　大日本印刷　　製　本　フォーネット社

万一、落丁、乱丁がありました節は、お取りかえいたします。

ISBN978-4-413-11279-6 C0077